토마스 아퀴나스 신학대전 24

성령의 선물

채 이 병 옮김

제2부 제1편
제68문 - 제70문

신학대전 24
성령의 선물

2020년 8월 28일 교회인가
2020년 9월 10일 1판 1쇄 발행
2020년 9월 25일 1판 2쇄 발행

간행위원 | 손희송 주교   정의채 몬시뇰   이재룡 신부(위원장)
　　　　　 안소근 수녀 윤주현 신부 이상섭 교수 정현석 교수
지은이 | 토마스 아퀴나스
옮긴이 | 채이병
펴낸이 | 이재룡
펴낸곳 | 한국성토마스연구소

25244 강원도 횡성군 우천면 경강로산전7길 28-53
등록 | 제2018-000003호 2018년 6월 19일
전화 | 033) 344-1238

보급 | 기쁜소식
전화 | 02) 762-1194 팩스 | 741-7673
ⓒ 한국성토마스연구소

값 15,000원

ISBN 979-11-969208-5-2 94160
ISBN 979-11-969208-0-7(세트) 94160

Summa Theologiae, vol.22
by St. Thomas Aquinas

Korean translation copyright ⓒ 2020 by St. Thomas Institute in Korea
All rights reserved
Published by St. Thomas Institute in Korea

이 책은 저작권법에 따라 보호를 받는 저작물이므로 무단전재와 복제를
금지하며, 이 책의 내용 전부 또는 일부를 이용하려면 반드시 저작권자와
한국성토마스연구소의 서면 동의를 받아야 합니다.

토마스 아퀴나스 신학대전 24

성령의 선물

S. Thomae Aquinatis
SUMMA THEOLOGIAE

채 이 병 옮김

제2부 제1편
제 68문 - 제 70문

한국성토마스연구소

차 례

성 요한 바오로 2세 교황의 격려와 축복의 말씀 / vii
교황 레오 13세의 회칙 발췌문 / xii
성 요한 바오로 2세 교황의 회칙 발췌문 / xv
『신학대전』 완간을 꿈꾸며 / xx
『신학대전』 간행계획 / xxiii
일러두기 / xxv
일반약어표 / xxix
성 토마스 작품 약어표 / xxxi
'성령의 선물' 입문(박준양 신부) / xxxvi

제68문 선물들에 대하여 / 5
    제1절 선물들은 덕들로부터 구별되는가? / 5
    제2절 선물들은 구원을 위해 인간에게 필수적인가? / 19
    제3절 성령의 선물은 습성인가? / 27
    제4절 성령의 일곱 선물은 적절하게 열거된 것인가? / 33
    제5절 성령의 선물들은 서로 연결되어 있는가? / 43
    제6절 성령의 선물들은 본향에서도 존속하는가? / 49
    제7절 선물들의 품위는 이사야서에 열거된 순서를 따르는가? / 57
    제8절 덕은 선물보다 탁월한가? / 63

제69문 참행복에 대하여 / 73
　제1절 참행복은 선물과 덕으로부터 구별되는가? / 73
　제2절 참행복에 귀속된 상급은 현세의 삶에 속하는가? / 79
　제3절 참행복은 적절하게 열거되었는가? / 87
　제4절 참행복의 상급들은 적절히 열거되었는가? / 103

제70문 성령의 열매에 대하여 / 111
　제1절 성령의 열매들은 행위인가? / 111
　제2절 열매는 참행복으로부터 구별되는가? / 119
　제3절 열매들은 사도에 의하여 적절하게 열거되었는가? / 123
　제4절 성령의 열매는 육(肉)의 행실에 반대되는가? / 135

　주제 색인 / 140
　인명 색인 / 147
　고전 작품 색인 / 148
　성경 색인 / 149

FROM THE VATICAN

April 26, 1994

Dear Father Tjeng,*

His Holiness Pope John Paul II was indeed pleased to learn that a Korean translation of the *Summa Theologiae* of Saint Thomas of Aquinas is being published. He warmly encourages you and your collaborators in this enterprise, which will lead not only to a better knowledge of the teachings and method of the one whom Pope Leo XIII called "inter Scholasticos Doctores, omnium princeps et magister"(Leo XIII, *Aeterni Patris,* No. 22), but also to a most fruitful encounter between Christian philosophy and theology and the intellectual traditions of Korea.

Only recently, His Holiness referred to the unique place of Saint Thomas in the history of thought by stating that "the philosophical and theological synthesis which he elaborated is a solid, lasting possession for the Church and humanity"(*Great Prayer,* 16 March 1994, No. 6). That synthesis flows from the principle that there is a profound and inescapable harmony between the truths of reason and those of faith.(cf. *Address to*

---

* The Reverend Paul Tjeng Eui-Chai

성 요한 바오로 2세 교황의 격려와 축복의 말씀

친애하는 정의채 바오로 신부님,

교황 요한 바오로 2세 성하께서는 성 토마스 아퀴나스의 『신학대전』이 한국어로 번역·출판되고 있다는 소식을 들으시고 매우 기뻐하십니다. 이 작업에 참여하는 이들을 따뜻한 마음으로 격려하십니다. 이 작업은 교황 레오 13세 성하께서 "스콜라 학자들의 수장(首長)이며 스승"(레오 13세, 『영원하신 아버지』 22항)이라고 부르신 성 토마스의 가르침과 방법에 대해 보다 깊은 이해를 하게 할 뿐만 아니라 그리스도교의 철학과 신학이 한국의 전통 사상과 만나 매우 풍요로운 결실을 맺게 할 것입니다.

교황 성하께서는 최근에도 "성 토마스가 집대성한 철학적·신학적 종합은 교회와 온 인류의 건실하고 항구한 자산입니다."(『위대한 기도』 1994년 3월 16일, 6항)라고 하시어, 사상사(思想史)에 있어 성 토마스가 차지하는 독보적인 위치를 확인하셨습니다. 성 토마스가 이룩한 종합은 이성의 진리와 신앙의 진리 사이에는 근본적이고 불가피한 조화가 존재한다는 원리로부터 비롯됩니다.(제8차 국제 토마스 회의에서의 말씀: 1980년 9월 13일, 2항 참조)

Eighth International Thomistic Congress : 13 September 1980, No. 2)

The heart of Saint Thomas'reflection is man's relationship to God, his Creator and Lord. He sees man as proceeding from creative divine wisdom and returning to the Father on the basis of an elevation of the human intellect and will, through the grace of Christ's redemptive love. Indeed, he defines man as "the horizon of creation in which heaven and earth join, like a link between time and eternity, like a synthesis of creation."(Ibid., No. 5)

For Saint Thomas, true philosophy should faithfully mirror the order of things themselves, otherwise it ends by being reduced to an arbitrary subjective opinion. "This realistic and historical method, fundamentally optimistic and open, makes St. Thomas not only the 'Doctor Communis Ecclesiae', as Paul VI calls him in his beautiful Letter *Lumen Ecclesiae,* but the 'Doctor Humanitatis', because he is always ready and disposed to receive the human values of all cultures."(Ibid., No. 4) Is this approach itself not a solid point of contact with the great philosophical systems of the East and a sure promise of a very fruitful dialogue between the intellectual traditions of East and West? Such a dialogue in turn is the obligatory path of the progress of human culture, as well as a requisite for a deeper inculturation of Christianity among the peoples of the vast continent of Asia.

His Holiness values the present translation as an important contribution to these lofty goals. He invokes an abundance

성 토마스 사상의 핵심은 인간이 자신의 창조자이며 주님이신 하느님과 인간이 맺고 있는 관계입니다. 성 토마스는 인간을 하느님의 창조적 지혜에서 출발하여, 인간 자신의 지성과 의지를 고양(高揚)시키는 그리스도의 구원적 사랑의 은총에 힘입어 아버지께로 다시 돌아가는 존재로 봅니다. 바로 그렇기 때문에 성 토마스는 "인간을 하늘과 땅이 만나는 창조의 지평, 시간과 영원의 연결 고리, 또는 창조의 종합"으로 정의합니다.(같은 곳, 5항)

사실 성 토마스가 보기에 참다운 철학이란 실재 자체의 질서를 성실하게 반영하여야 합니다. 만일 그렇지 못하다면 철학이란 한낱 인위적인 주관적 견해로 전락하고 말 것입니다. "근본적으로 낙관적이고 개방적이며, 실재주의적이고 역사적인 이 방법은, 바오로 6세 성하께서 『교회의 빛』이라는 아름다운 서한에서 그를 지칭한 것처럼, 성 토마스를 '교회의 보편적 스승'일 뿐만 아니라 '인류의 스승'이 되게 해 줍니다. 그것은 성 토마스가 언제나 모든 문화 속에 포함되어 있는 인간적 가치들을 받아들일 준비가 되어 있기 때문입니다." (같은 곳, 4항) 이러한 그의 입장이야말로 동양의 위대한 철학 체계들과의 만남을 가능케 하는 건실한 기반이자, 동(東)과 서(西)의 지성적 전통 사이의 창조적 교류를 약속하는 것이 아니고 무엇이겠습니까? 그리고 이와 같은 교류는 인류 문화가 발전해 가야 할 도정(道程)임과 동시에 아시아라는 방대한 대륙에 사는 민족들에게 그리스도교가 더 깊이 토착화되기 위한 필수조건인 것입니다.

교황 성하께서는 현재 진행되고 있는 번역 작업을 그런 숭고한 목적을 달성하는 데 기여하는 중요한 작업으로 평가하고 계십니다. 교

of divine blessings upon the authors, publishers and readers of this masterpiece of Christian philosophy and theology.

With good wishes, I am

Sincerely yours in Christ,

Card. Angelo Sodano

Cardinal Angelo Sodano
Secretary of State

황 성하께서는 그리스도교 철학과 신학에 관한 이 위대한 걸작을 번역하는 이와 출판하는 이와 읽는 이 모두에게 주님의 풍성한 축복이 내리기를 기도드리십니다.

1994년 4월 26일

그리스도 안에서 만사형통하시기를 빌며,
바티칸국 국무성 장관
추기경 안젤로 소다노

교황 레오 13세의 회칙 발췌문

『영원하신 아버지』(*Aeterni Patris*, 1879)

[1879년 8월 4일에 반포된 이 회칙의 원제목은 『가톨릭 학교들에서 성 토마스 데 아퀴노의 정신에 따라 교육되어야 하는 그리스도교 철학에 관하여』(*De philosophia christiana ad mentem sancti Thomae Aquinatis Doctoris Angelici in scholis catholicis instauranda*)이다.]

30. 그러므로 더할 나위 없이 타당한 이유를 가지고 상당수의 철학자들이 철학을 쇄신하기 위해서는 토마스 데 아퀴노의 놀라운 가르침을 그 순수한 광채 속에서 회복시켜야 한다고 믿고 헌신적으로 투신하였습니다.

그리고 저에게, 이 '천사적 박사'라는 수원(水源)으로부터 영구히 풍부하게 흘러넘치는 가장 순수한 지혜의 강물을 온 세계 젊은이들에게 넉넉하게 마시게 하는 일보다 더 소중하고 바람직한 일은 없다는 점을 모든 이에게 확실하게 일러두는 바입니다.

32. 그리고 신앙에서 멀어져서 가톨릭교회의 가르침을 미워하는 사람들 가운데 상당수는 오직 이성만을 유일한 스승이며 안내자로 삼는다고 선언하고 있습니다. 가톨릭 신앙으로써 그들을 치유하고 은총으로 돌아오게 하려면, 하느님의 초자연적 도우심 다음으로는 교부들과 스콜라 학자들의 건전한 가르침보다 더 적절한 것은 없습

니다. 이들은 신앙의 튼튼한 토대, 그 신적인 기원, 그 확실한 진리, 그 증명 논거, 인류에게 가능해진 은혜, 그리고 이성과의 완전한 조화 등을 증명하였고, 또 너무도 명료하고 강력했기 때문에, 주저하는 자들과 허풍떠는 자들까지도 회심시키기에 충분했습니다.

타락한 이론들의 해악 때문에 우리가 모두 목격하고 있듯이 매우 심각한 위험에 노출되어 있는 가정과 시민사회조차도, 만일 대학과 학교들에서 교회의 가르침에 가장 일치되는 건전한 교육이 시행되기만 했더라면 분명 훨씬 더 평온하고 확실한 기반 위에 서 있을 수 있었을 것입니다. 우리는 바로 이런 가장 건전한 가르침을 토마스 데 아퀴노의 작품들 속에서 발견합니다. 왜냐하면 오늘날 방종으로 변형되고 있는 자유의 진정한 본성, 법칙과 그 힘, 자명한 원리들의 영역, 더 높은 권위에 대한 마땅한 복종, 인간 상호 간의 사랑 등에 대한 토마스의 가르침들은 사회질서의 평온과 대중의 안녕에 위험하기 짝이 없는 새로운 법의 원리들을 전복시킬 수 있는 대단히 강력하고 꺾일 수 없는 힘을 지니고 있기 때문입니다.

36. 특별히 신중한 분별력을 가지고 그대들[전 세계 주교들]이 뽑은 스승들[신학교와 가톨릭 대학교 교수들]은 자기 제자들의 정신이 성 토마스 데 아퀴노의 가르침으로 관통될 수 있도록 깊은 노력을 기울여야 하며, 그의 가르침이 다른 모든 이론에 견주어 얼마나 튼튼하고 월등한지를 분명히 해야 합니다. 그대들이 설립한 (또는 설립할) 학부들은 그의 가르침을 해설하고 옹호하며 흔한 오류들을 논박하는 데 활용할 수 있어야 합니다.

그리고 그대들은 정통 가르침 대신에 이런저런 허풍떠는 이론들에

말려들거나, 진정한 가르침 대신에 타락한 이론들에 현혹되지 않도록 성 토마스의 지혜가 그 원천으로부터, 또는 적어도 뛰어난 지성들의 확실하고 한결같은 판단에 따르면 그 원천에서 흘러나와 아직도 맑고 투명하게 흐르는 저 강물들로부터 탐구될 수 있도록 조처해야 합니다. 그리고 같은 원천에서 나왔다고들 말하기는 하지만 실제로는 이질적이고 해로운 저 시냇물에서 젊은이들의 정신을 멀리 떼어 놓도록 최선의 노력을 기울여야 합니다.

성 요한 바오로 2세 교황의 회칙 발췌문

『신앙과 이성』(Fides et Ratio, 1998)

43. 이 오랜 발전 과정에서 성 토마스 데 아퀴노(St. Thomas de Aquino)는 특별한 자리를 차지하고 있습니다. 그것은 그가 가르친 내용 때문만이 아니라 당대의 아랍 사상과 유다교 사상과 나눈 대화 때문입니다. 그리스도교 사상가들이 고대 철학, 특히 아리스토텔레스의 보화들을 재발견하고 있던 시대에, 성 토마스는 신앙과 이성 사이의 조화에 영예로운 자리를 배정한 위대한 공로를 가지고 있습니다. 이성의 빛과 신앙의 빛은 둘 다 하느님에게서 오는 것이고, 따라서 양자 사이에는 어떠한 모순도 있을 수 없다고 그는 논증하고 있습니다.

더욱 근본적으로, 토마스는 철학의 일차적 관심사인 자연(natura)이 하느님의 계시를 이해하는 데 적극적으로 기여할 수 있다는 것을 인정합니다. 따라서 신앙은 이성을 두려워할 필요가 없고, 오히려 이성을 추구하고 그것에 대해서 신뢰를 가지고 있습니다. 은총이 자연에 의존하고 자연을 완성시키듯이, 신앙은 이성에 의존하고 이성을 완성합니다. 신앙을 통해서 조명받을 때, 이성은 죄의 불복종 때문에 오는 연약성과 한계로부터 해방되어, 삼위일체 하느님에 대한 지식으로 고양되는 데 요구되는 힘을 얻게 됩니다. 비록 신앙의 초자연적인 성격을 강조하기는 했지만, 이 '천사적 박사'(Doctor Angelicus)

는 신앙이 지니고 있는 합리적 성격의 중요성을 간과하지 않았습니다. 참으로 그는 이 이해 가능성의 깊이를 천착해 들어가 그 의미를 밝혀낼 수 있었습니다. 신앙은 어떤 의미에서 일종의 '사고 훈련'(exercitium cogitationis)입니다. 그리고 인간 이성은, 어쨌든 자유롭게 심사숙고해서 내리는 선택으로 얻어지는 신앙의 내용들에 동의한다고 해서, 무효화되는 것도 아니고 그 품위가 손상되는 것도 아닙니다.

바로 그렇기 때문에 교회는 한결같이 성 토마스를 사고의 스승이며 올바른 신학자의 전형으로 추천해 온 것입니다. 이 점에 관해서 저는 선임자인 하느님의 종 교황 바오로 6세께서 천사직 박사의 서거 700주년[1974년]의 기회에 하신 말씀을 상기하고 싶습니다. "의심할 바 없이, 토마스는 진리에의 용기, 새로운 문제들을 직면할 때의 정신의 자유, 그리고 그리스도교가 세속 철학이나 편견으로 감염되는 것을 허용하지 않는 사람들의 지적 정직성 등을 최고도로 소유하고 있었습니다. 따라서 그는 그리스도교 사상사 속에서 언제나 새로운 철학과 보편적 문화에 이르는 길의 선구자로 남아 있습니다. 그가 찬란한 예언자적 통찰력으로 신앙과 이성 사이의 새로운 만남에서 제시한 요점과 해결의 씨앗은 세계의 세속성(saecularitas)과 복음의 근본성 사이의 화해였고, 따라서 세상과 그 가치들을 부정하려는 자연스럽지 못한 경향을 피하면서도 동시에 초자연적 질서의 숭고하고 준엄한 요구들로써 신앙을 지킬 수 있었습니다."

44. 성 토마스의 또 하나의 위대한 통찰은, 지식이 지혜로 성장해 가게 되는 과정에서 성령의 역할을 깊이 깨닫고 있었다는 사실입니

다. 그의 『신학대전』(Summa Theologiae)의 앞머리에서 아퀴나스는, 성령의 선물로서 천상의 것들에 대한 지식으로의 통로를 열어 주는 지혜의 우위성을 날카롭게 보여 주고 있습니다. 그의 신학은 우리가 신적인 것들에 대한 신앙과 지식에 밀접하게 연관되어 있는 지혜의 특성을 이해할 수 있게 해 줍니다. 이 지혜는 천성적으로(per connaturalitatem) 알려지게 됩니다. 그것은 신앙을 전제로 하고 있고, 결국 신앙 자체의 진리에 입각한 올바른 판단을 형성해 줍니다. "성령의 선물들 가운데 하나인 지혜는 지성적 덕 가운데서 발견되는 지혜와는 구별됩니다. 이 두 번째 지혜는 연구를 통해서 얻어지지만, 첫 번째 지혜는 야고보 사도가 말하고 있는 것처럼 '높은 데서 옵니다.' 이것은 또한 신앙과도 구별되는데, 그것은 신앙이 신적인 진리를 있는 그대로 받아들이기 때문입니다. 그러나 지혜의 선물은 신적인 진리에 따라서 판단할 수 있게 해 줍니다."

그렇지만 이 지혜에 어울리는 우위성은 천사적 박사가 철학적 지혜와 신학적 지혜라는 지혜의 다른 두 개의 보충적 형태들이 있다는 것을 간과하게 만들지 않습니다. '철학적 지혜'는 자연적인 제약을 가지고 있는 지성의 실재 탐구 역량에 기초를 두고 있고, 신학적 지혜는 계시에 기초를 두고 신앙의 내용들을 탐구하여 하느님의 신비에 접근해 갑니다.

"진리는 누가 발설하든지 간에 모두 성령으로부터 오는 것"(omne verum a quocumque dicatur a Spiritu Sancto est)임을 깊이 확신하고 있던 성 토마스는 그의 진리 사랑에 공평무사했습니다. 그는 어디에서든지 진리를 추구하였고, 진리의 보편성을 입증하는 데 전력을 다했습니다. 교회의 교도권은 그에게서 진리를 향한 열정을 인정하였습니다. 그리고 정확히 그것이 일관되게 보편적이고 객관적이며 초월적인 진리의 지평 속에 머무르기 때문에, 그의 사상은 '인간 지성이 결코 생각해 낼 수 없었을 높은 경지'에 도달했습니다. 그는 정당하게도 '진리의 사도'(apostolus veritatis)라고 불릴 수 있을 것입니다. 확고하게 진리만을 추구하는 토마스의 실재주의(realismus)는 진리의 객관성을 인정하고 '현상'의 철학뿐만 아니라 '존재'의 철학(philosophia essendi)까지도 제시할 수 있습니다.

57. 그러나 교도권은 철학 이론들의 오류들과 일탈들을 지적하기만 하는 것은 아닙니다. 이에 못지않은 관심을 가지고 교회 교도권은 철학적 탐구의 진정한 쇄신의 기본 원리들을 강조하고 특정 방향을 지시하기도 합니다. 이 점에서 교황 레오 13세께서는 회칙 『영원하신 아버지』(Aeterni Patris)에서 교회 생활을 위해 역사적으로 매우 중요한 일보를 내디디셨습니다. 왜냐하면 그 회칙은 오늘날까지도 온전히 철학만을 위해 작성된 유일한 권위 있는 교황 문헌으로 남아 있기 때문입니다. 이 위대한 교황께서는 신앙과 이성 사이의 관계에 관한 제1차 바티칸공의회의 가르침을 발전시키는 가운데, 철학적 사고가 신앙과 신학에 얼마나 깊이 공헌하는지를 보여 주셨습니다. 한 세기 이상이 지났지만 그 회칙이 담고 있는 실천적이고 교육적인 통찰들은 그 중요성을 조금도 잃어버리지 않았습니다. 특히 성 토마스의 철학이 지니고 있는 그 어느 것에도 비할 수 없는 가치에 관한 강조는 더욱 그렇습니다. '천사적 박사'의 사상에 대한 쇄신된 강조야말로 교황 레오 13세께서는 신앙의 요구들에 부합되는 철학의 활용을 활성화시키는 최선의 길로 비쳐졌습니다. "성 토마스는 이성과 신앙

을 날카롭게 구분하였습니다. 그러나 이 양자를 조화시켜 각각 자신의 권리와 품위를 고스란히 간직하게 할 수 있었습니다."

78. 이 성찰들의 빛 속에서, 교도권이 왜 반복적으로 성 토마스 사상의 공로들을 격찬하고 그를 신학 연구의 인도자이며 전형(典型)으로 삼았는지가 명백히 드러납니다. 이것은 순수하게 철학적인 문제들에 대해서 어떤 입장을 취하기 위해서도 아니고, 또 특정 이론들에 대한 호감을 표시하기 위한 것도 아니었습니다. 교도권의 의도는 언제나, 성 토마스가 어떤 의미에서 진리를 추구하는 모든 사람을 위한 진정한 전형인지를 보여 주자는 것이었습니다. 실상 그의 성찰 속에서 이성의 요구들과 신앙의 힘이, 일찍이 인간 사고가 이룩한 가장 고상한 종합을 발견합니다. 왜냐하면 그는 이성에게 고유한 모험을 평가 절하함이 없이, 계시를 통해서 도입된 근본적인 새로움을 옹호할 수 있었기 때문입니다.

『신학대전』 완간을 꿈꾸며

　그리스도교 2000년 역사에서는 물론 인류 문화사에서도 경이로운 불후의 걸작으로 인정받고 있는 방대한 『신학대전』을 대역판으로 간행하는 이 대사업은 정의채(鄭義采) 몬시뇰의 혜안과 용단에서 비롯되었다. 몬시뇰께서는 그리스도교 전래 200주년(1784-1984년)을 기념한 다음해인 1985년에 첫 권을 발간한 이래 꾸준히, 어려운 여건 가운데서도 고군분투하며 전체 3부 60권(보충부까지 포함하면 72권) 가운데 10권을 직접 번역하였고, 2006년 즈음부터는 소장 학자들에게도 번역 지침을 주어 과제를 분담하고 또 탈고 단계에서는 직접 감수를 통해 지도 편달함으로써 5권을 더 출간하였다. 여기에는 강윤희 신부, 김율 교수, 김정국 신부, 김춘오 신부, 윤종국 신부, 이상섭 교수, 이진남 교수, 채이병 박사 등이 참여했고, 막바지에는 이재룡 신부도 가담했다. 그렇게 해서, 제1부를 모두 마치고, 인간의 윤리 문제(제2부 전체)의 궁극 목표인 '행복'에 관해 논하는 첫 다섯 문제(제16권)까지 출간해 내었다.

　이제까지 도서 출판을 통한 복음 전파를 카리스마로 삼고 있는 '바오로딸수도회'가 어려운 출판 여건 속에서도 큰 희생을 기꺼이 감내하며 몬시뇰의 피땀 어린 노력을 묵묵히 뒷받침해 왔다. 몬시뇰과 수도회에 깊은 존경과 감사의 뜻을 전하고 싶다.

　그런 가운데 서울대교구 교구장이신 염수정(廉洙政) 추기경은 2016

년 8월, 15년 뒤에 맞게 될 천주교 조선교구 설정 200주년(1831-2031년)까지는 『신학대전』을 완간해야겠다는 큰 계획을 세우고 이미 번역진에 합류하고 있던 이재룡 신부를 그 전담 책임자로 임명하였다. 계획대로 추진된다면, 그리스도교가 이 땅에 들어온 지 근 반세기 만에 교구가 설정됨으로써 제대로 체제를 갖춘 당당한 지역 교회가 되었듯이, 『신학대전』도 근 반세기 만에 완간될 것이다.

전담 책임을 맡은 이재룡 신부는 우선 '한국성토마스연구소'(St. Thomas Institute in Korea)를 설립하고, 바오로딸출판사와 긴밀히 상의하며 이제까지 몬시뇰께서 추진해 온 출간 사업을 계승하여, 완간된 부분과 진행 중인 작업들을 총점검하고 향후 사업 일정을 확정하여 2017년 12월 《천주교조선교구설정 200주년기념 신학대전간행사업》(2019-2031년)이라는 제목으로 교구장님께 보고드렸다. 간행위원단 구성은 손희송 주교, 정의채 몬시뇰, 이재룡 신부(위원장), 안소근 수녀, 윤주현 신부, 이상섭 교수, 정현석 박사로 단순화하였다. 2019년부터 13년간 매년 분책 4~5권씩을 번역해 낸다는, 다소 무리한 계획이었지만, 최근 완간된 일어 역본(2007년)과 대만에서 발간된 한역본(2009년)도 자극제가 되어 200주년을 넘지 않도록 서두르기로 하였다.

2019년 말, 감사하게도 총 12개년(2000-2031년)에 걸친 《천주교조선교구설정 200주년기념 신학대전간행사업》이 문화체육관광부의 '국고지원사업'으로 선정되었다. 사업의 중심 내용은 당연히 『신학대전』의 나머지 부분인 분책 50권('보충부' 포함)의 간행이지만, 여기에 보조 장치 3권(『입문』, 『총색인』, 『요약』)과 선결 필수 사업으로 판단되는 3권의 사전(『성 토마스 개념사전』, 『교부학사전』, 『라틴어사전』) 간행을 추가하였다.

이제부터 시작이지만, 여기까지 오는 데에도 우여곡절을 거쳐야 했는데, 매일 묵주기도 5단을 바치며 성모님과 토마스 아퀴나스 성인님께 도움을 청했고, 고비 때마다 기묘한 방식으로 도와주시는 주님 섭리의 손길을 느꼈다. 그리고 많은 분들의 도움을 받았다. 존경하는 교구장님과 정진석(鄭鎭奭) 추기경님을 비롯한 교구 주교님들과 다른 주교님들, 동창 신부님들과 선후배 신부님들, 그리고 사업을 하시는 몇몇 지인들의 적극적인 격려와 지원 외에도, 일선 사목 현장에서 동고동락했던 잠실, 오류동, 혜화동 성당의 교우들과 교리신학원의 제자들도 꾸준히 정기적으로 도움을 주고 있다. 그리고 세 차례에 걸친 국고 지원 신청 과정에서 적극적인 행정적 지도와 격려를 아끼지 않은 문화체육관광부의 장우일 종무관과 실무진, 만만찮은 대응자금 문제 때문에 어려움을 겪고 있을 때 길을 열어 주고 적극적인 지지를 보내 준 김영국 신부님과 이경상 신부님을 비롯한 학교법인 가톨릭학원 신부님들의 도움이 컸다. 마지막으로, 지난해에 무리한 계획과 국고 지원 신청 과정 때문에 출판 일정이 겹치고 뒤엉켜 절망적인 국면에 처했을 때 흔쾌히 도움의 손길을 내밀고 끝까지 동행하기로 한 '기쁜소식'의 전갑수 사장님께 감사의 뜻을 전하고 싶다.

이렇게 많은 분들의 기대와 성원을 받으며 전능하신 하느님의 보호와 우리나라의 주보(主保)이신 성모 마리아의 도우심과 '인류의 스승'(Doctor Humanitatis)인 토마스 성인의 전구에 힘입어 벅찬 희망을 안고 대여정의 첫걸음을 내딛는다.

2020년 성모성월에
한국성토마스연구소에서
간행위원장 이재룡 신부

『신학대전』 간행계획

[제1부]

01 (ST I, 1-12) 하느님의 존재, 정의채 옮김.
　1985. 3판 2014.
02 (ST I, 13-19) 하느님의 생명, 정의채 옮김.
　1993. 2판 2014.
03 (ST I, 20-30) 하느님의 작용과 위격,
　정의채 옮김. 1994. 2판 2000.
04 (ST I, 31-38) 위격들의 구별,
　정의채 옮김. 1997.
05 (ST I, 39-43) 위격들의 관계,
　정의채 옮김. 1998.
06 (ST I, 44-49) 창조, 정의채 옮김. 1999.
07 (ST I, 50-57) 천사, 윤종국 옮김. 2010.
08 (ST I, 58-64) 천사의 활동 [근간]
09 (ST I, 65-74) 우주 창조,
　김춘오 옮김. 2010.
10 (ST I, 75-78) 인간, 정의채 옮김. 2003.
11 (ST I, 79-83) 인간 영혼의 능력,
　정의채 옮김. 2003.
12 (ST I, 84-89) 인간의 지성,
　정의채 옮김. 2013.
13 (ST I, 90-102) 하느님의 모상으로 창조된 인간, 김율 옮김. 2008.
14 (ST I, 103-114) 하느님의 통치,
　이상섭 옮김. 2009.
15 (ST I, 115-119) 우주의 질서,
　김정국 옮김. 2010.

[제2부 제1편]

16 (ST I-II, 1-5) 행복, 정의채 옮김. 2000.
17 (ST I-II, 6-17) 인간적 행위,
　이상섭 옮김. 2019.
18 (ST I-II, 18-21) 도덕성의 원리,
　이재룡 옮김. 2019.
19 (ST I-II, 22-30) 정념, 김정국 옮김. 2020.
20 (ST I-II, 31-39) 쾌락, 이재룡 옮김. 2020.
21 (ST I-II, 40-48) 두려움과 분노,
　채이병 옮김. 2020.
22 (ST I-II, 49-54) 습성, 이재룡 옮김. 2020.
23 (ST I-II, 55-67) 덕 [근간]
24 (ST I-II, 68-70) 성령의 선물, 채이병 옮김. 2020.
25 (ST I-II, 71-80) 죄 [근간]
26 (ST I-II, 81-85) 원죄
27 (ST I-II, 86-89) 죄의 결과
28 (ST I-II, 90-97) 법, 이진남 옮김. 2020.
29 (ST I-II, 98-105) 옛 법
30 (ST I-II, 106-114) 은총

[제2부 제2편]

31 (ST II-II, 1-7) 믿음
32 (ST II-II, 8-16) 믿음의 결과
33 (ST II-II, 17-22) 희망
34 (ST II-II, 23-33) 사랑
35 (ST II-II, 34-44) 사랑과 결부되는 것

36 (ST II-II, 45-56) 현명
37 (ST II-II, 57-62) 정의
38 (ST II-II, 63-79) 불의
39 (ST II-II, 80-91) 종교와 경신
40 (ST II-II, 92-100) 종교와 결부되는 것
41 (ST II-II, 101-122) 사회적 덕
42 (ST II-II, 123-140) 용기
43 (ST II-II, 141-154) 절제
44 (ST II-II, 155-170) 절제의 부분
45 (ST II-II, 171-178) 예언과 은사
46 (ST II-II, 179-182) 활동과 관상
47 (ST II-II, 183-189) 사목과 수도생활

[제3부]
48 (ST III, 1-6) 육화하신 말씀
49 (ST III, 7-15) 그리스도의 은총
50 (ST III, 16-26) 하느님과 인간 사이의 중재자
51 (ST III, 27-30) 동정녀 마리아
52 (ST III, 31-37) 그리스도의 유년기
53 (ST III, 38-45) 그리스도의 생활
54 (ST III, 46-52) 그리스도의 수난
55 (ST III, 53-59) 예수 부활

56 (ST III, 60-65) 성사
57 (ST III, 66-72) 세례와 견진
58 (ST III, 73-78) 성체성사
59 (ST III, 79-83) 영성체
60 (ST III, 84-90) 고해성사(*절필)

[보충부]
61 (ST Sup, 1-11) 통회
62 (ST Sup, 12-20) 보속과 열쇠
63 (ST Sup, 21-28) 냉담과 대사
64 (ST Sup, 29-33) 병자성사
65 (ST Sup, 34-40) 성품성사
66 (ST Sup, 41-49) 혼인성사
67 (ST Sup, 50-62) 혼인장애
68 (ST Sup, 63-68) 재혼
69 (ST Sup, 69-74) 죽음과 심판
70 (ST Sup, 75-86) 육신의 부활
71 (ST Sup, 87-96) 최후 심판과 성인들
72 (ST Sup, 97-99) 단죄받은 자들
73 (***)　　　　　[신학대전 요약]
74 (***)　　　　　[신학대전 입문]
75 (***)　　　　　[총색인]

일러두기

1. 『신학대전』의 대구조(macro-structura)

1.1. 성 토마스는 불후의 걸작인 이 방대한 작품을 신플라톤주의의 '발원-귀환'이라는 웅장한 구도를 활용하여 구성하고 있다. 그래서 제1부는 만물이 하느님으로부터 나오는 발원(發源, exitus) 과정이고, 제2부는 만물이 하느님께로 되돌아가는 귀환(歸還, reditus) 여정이며, 제3부는 그 귀환의 길 또는 수단이 되어 주신 구세주의 위업(偉業)을 다루고 있다. 보충부는 일찍 찾아온 그의 죽음 때문에 미완으로 남게 된 (제3부의) 공백을 그의 제자, 혹은 제자 그룹이 그의 초창기 작품으로부터 관련 내용을 정리하여 옮겨다 채워 넣은 보완 부분이다.

1.2. 'I'(Prima Pars)은 제1부, 'I-II'(Prima Pars Secundae Partis)는 제2부 제1편, 'II-II'(Secunda Pars Secundae Partis)는 제2부 제2편, 'III'(Tertia Pars)은 제3부, 그리고 'Sup.'(Supplementum)은 보충부의 약식 기호들이다.

1.3. 지금 우리의 기획처럼, 방대한 『신학대전』의 내용을 나누어 출간하는 경우에, 분책(分冊)의 기초가 되는 단위로, 여러 개의 문(quaestio)들이 한데 모여 이루는 공동의 주제인 'tract.'(tractatus)를 '논고'(論考)라고 부른다.

1.4. 'q.'(quaestio)라고 표기되는 단위를 '문'(問)이라고 부른다.

1.5. '문'에서 제기된 문제를 해결하기 위해서는 필요한 만큼의 분절 작업(articulatio)이 요구되는데, 이렇게 세분된, 실질적인 논의의 기본 단위를 이루는 'a.'(articulus)를 '절'(節)이라고 부른다.

2. 절(節)의 세부 구조(micro-structura)

각각의 절에서 본격적으로 논의되는 세부 내용은 규칙적인 형식으로 구성되어 있고, 크게 두 부분으로 대별된다. 먼저, 권위 있는 가르침들이 찬-반(贊反)으로 제시되고, 다음에 저자 자신의 해결책이 제시된다.

2.1. 첫 번째 부분에서는 먼저, 중세 스콜라 학자들의 기본적인 학문 방법인 '권위'(auctoritas), 곧 성경과 교부들, 그리고 때로는 고대 철학자들을 비롯한 사상가들로부터 해당 주제에 대한 가르침들 가운데 (곧 제시될 필자의 입장에 반대되는) '부정적인' 가르침들이 엄선하여 제시된다. 곧 '반론들'(objectiones)로서, 보통 세 개 정도가 제시되는데, '반론 1'(obj.1), '반론 2'(obj.2)라 부른다.

2.2. 다음으로는 (역시 권위들 가운데에서) 그에 대해 반대되는, 곧 저자의 입장을 지지하는 긍정적인 가르침이 (보통은 하나) 제시된다. 곧 '재반론'(sed contra)이다.

2.3. 저자 자신의 독창적 해결책이 제시되는 두 번째 부분도 또다시 두 부분으로 구별되는데, 먼저 '답변'(Respondeo) 부분에서는 그 주제에 대한 저자 자신의 해결책이 제시되며, 가끔은 '본론'(corpus)

이라고 불리기도 한다.

2.4. 그런 다음에 '해답'(solutio) 부분에서는 '답변'에서 확인한 결론들을, 앞머리에 제시되었던 반론들 하나하나에 대해 적용한다. 원문에서 라틴어로 'ad1' 'ad2' 등으로 표시되는 것을 우리는 '제1답' '제2답' 등으로 부른다.

3. 본문과 각주에서의 유의 사항

3.1. 번역 대본은 비판본인 레오판(ed. Leonina)을 주로 따르고 있는 마리에티판이다: S. Thomas Aquinatis, *Summa Theologiae*, cum textu ex recensione Leonina, Taurini-Romae, Marietti, 1952.

3.2. (괄호) 속의 내용은 라틴 원문에 있지만, 길고 복잡한 문장 구조가 조금이나마 시각적으로 간명해지도록 역자가 임의로 괄호로 묶은 것이다.

3.3. [꺾쇠괄호] 안의 단어나 구절은 해당 라틴어 원문에는 없으나, 문맥상 요구된다고 판단되는 내용을 삽입한 것이다.

3.4. 성경은 기본적으로 한국천주교주교회의에서 발행한 『성경』을 따르지만, 내용에서 차이가 있는 경우에는 역자가 라틴 원문에 충실하게 번역하고, 각주에 『성경』 구절을 제시하였다.

3.5. 다양한 종류의 각주에 대해 아라비아 숫자로 일련번호를 매겼다. 단, 마리에티판의 권말에 추가주(adnotationes)로 실려 있는 내용을 번역한 경우에는 일련번호에 이어 '(* 추가주)'라는 별도의 표시를 했다.

4. 약어표에 관하여

4.1. 일반적인 약어들을 '일반 약어표'로 제시하였다.
4.2. 성 토마스의 작품들에 대해서는 약어표를 따로 제시하였다.
4.3. 성경 약어에 대해서는 가톨릭교회에서 통용되는 일반 관례를 따른다.
4.4. 성 아우구스티누스를 비롯한 교부들의 작품들에 대해서는 한국교부학연구회가 펴낸 『교부 문헌 용례집』(수원가톨릭대학교출판부, 2014)을 따른다.
4.5. 아리스토텔레스를 비롯한 고대 사상가들이 작품들에 대한 약어는 한국서양고전철학회 등에서의 일반적인 관례를 준용한다.

일반 약어표

a.	절(articulus). 예) '제7절', '제7절' 등.
aa.	여러 절들(articuli). 예) aa.1-3은 '제1절에서 제3절까지'를 가리킴.
ad1, ad3	제1답, 제3답: 절(articulus)을 시작하면서 제기되었던 반론들(objectiones)에 대해, 일일이 '해답'(solutio) 부분에서 해결책으로 제시하는 답변들.
c.	장(capitulum).
c.	본론(corpus) 곧 '답변'(Respondeo)을 가리킴.
Can.	카논(Canon: 공의회의 장엄 결정문).
Cf.	참조(conferire).
d.	구분(divisio). 특히 『명제집』과 『명제집 주해』에서 기본 틀로 제시될 때, '제1구분', '제2구분'으로 표기. 예) 『명제집 주해』 제1권 제2구분 제1문 제3절. (많이들 'divisio'와 혼용하고 있는 'distinctio'는 '구별'.)
DH	『덴칭거-휘너만』 혹은 『규정-선언 편람』(Denzinger-Hunermann이 1991년부터 편찬).
DS	『덴칭거-쇤메쳐』 혹은 『규정-선언 편람』(Denzinger-Schoenmetzer가 1963년부터 편찬).
Ibid.	같은 작품 또는 같은 곳(Ibidem).
ID.	같은 저자(Idem).
lect.	강(lectio). 예) '제1강', '제2강' 등. (단, 서술문에서 지칭 시에는 '강독'.)
lib.	권(liber). 예) '제1권', '제2권' 등.
ll.	행(行, lineae).
loc. cit.	인용된 곳(loco citato).

n.	번(numerum) 또는 그대로 'n'. 예) '2번' 또는 'n.2'.
obj.	반론(objectio). 예) '반론1', '반론2' 등.
op. cit.	이미 인용된 작품(opere citato).
parall.	병행 문헌(paralleli).
PG	미뉴, 『그리스 교부 전집』(Migne, *Patrologia Graeca*).
PL	미뉴, 『라틴 교부 전집』(Migne, *Patrologia Latina*).
Proem.	머리말(Proemium).
Prol.	머리글(Prologus).
q.	문(quaestio). 예) '제1문', '제89문' 등. (단, 간혹 서술 문장 중 특정 '문'을 가리킬 때에는 '문제'라고 지칭할 수도 있다.) 예문) "창조에 관해 논하는 이 '문제'는…."
qc.	소문제(quaestiuncula). (주로 『명제집 주해』에 나타남.)
qq.	여러 문들(quaestiones). 예) qq.57-59는 '제57문에서 제59문까지'를 가리킴.
Resp.	답변(Respondeo) [=본론].
s.c./sc	재반론(Sed contra) 또는 '그러나 반대로'. (보통은 재반론이 하나이지만, 드물게 번호와 함께 두세 개가 제시되기도 한다. 이때에는 '재반론1', '재반론3' 등으로 표기한다.)
sol.	해답(solutio). (단, 기본 틀 가운데에서 반론1에 대한 해답[ad1], 반론2에 대한 해답[ad2] 등은 '제1답', '제2답' 등이라고 지칭.)
tract.	논고(tractatus: 여러 문들이 함께 모여 이루는 논의 주제).

성 토마스 작품 약어표

In Sent., **I**, **d.3**, **q.1**, **a.3**, **qc.1**, **ad1**	『명제집 주해』 제1권 제3구분 제1문 제3절 제1소문제 제1답
ScG, **I, II**	『대이교도대전』 제1권, 제2권
ST(* 생략)	『신학대전』
I, q.1, a.1, ad2	『신학대전』 제1부 제1문 제1절 제2답
I-II	『신학대전』 제2부 제1편
II-II	『신학대전』 제2부 제2편
III	『신학대전』 제3부
Sup.	『신학대전』 보충부
Catena Aurea	『황금 사슬』 또는 『4복음서 연속주해』
Compendium Theol.	『신학 요강』
Contra doct. retrah.	『소년의 수도회 입회를 비난하는 전염병과도 같은 가르침 논박』
Contra err. Graec.	『그리스인들의 오류 논박』
Contra impugn.	『전례와 수도회를 거스르는 자들 논박』
De aetern. mundi	『세상 영원성』
De anima	『영혼에 관한 토론문제』 또는 『영혼론』
De articulis fidei	『신앙 요목』
De beatitudine	『참행복』 또는 『진복』
De caritate	『참사랑』 또는 『참사랑에 관한 토론문제』
De correct. Frat.	『형제적 충언』 또는 『형제적 충언에 관한 토론문제』
De demonstratione	『증명론』
De diff. verbi Domini	『하느님의 말씀과 인간의 말의 차이』
De dilex. Dei et prox.	『하느님 사랑과 이웃 사랑』

De dimens. indeterm.	『무한의 크기』
De divinis moribus	『하느님의 습성』
De duo. praecep. char.	『사랑의 이중계명』
De empt. et vend.	『신용거래』 또는 『매매론』
De ente et ess.	『존재자와 본질』 또는 『유(有)와 본질(本質)에 대하여』
De eruditione principis	『군주 교육』
De expos. missae	『미사 해설』
De fallaciis	『오류론』
De fato	『운명론』
De forma absol.	『사죄경 형식』
De humanitate Christi	『그리스도의 인성』
De instantibus	『순간론』
De intellectu et intell.	『지성과 가지상』
De inventione medii	『수단의 발명』
De iudiciis astr.	『점술가의 판단』
De magistro	『교사론』 또는 『교사에 관한 토론문제』
De malo	『악론』 또는 『악에 관한 토론문제』
De mixtione element.	『요소들의 혼합』
De motu cordis	『심장 운동』
De natura accidentis	『우유의 본성』
De natura generis	『유(類)의 본성』
De natura loci	『장소의 본성』
De natura luminis	『빛의 본성』
De natura materiae	『질료의 본성』
De natura syllog.	『삼단논법의 본성』
De natura verbi intell.	『지성의 말의 본성』
De occult. oper. naturae	『자연의 신비로운 작용』
De officio sacerdotis	『사제의 직무』

De perf. vitae spir.	『영성생활의 완성』
De potentia	『권능론』 또는 『권능에 관한 토론문제』
De potentiis animae	『영혼의 능력들』
De principiis naturae	『자연의 원리들』
De principio individ.	『개체화의 원리』
De propos. mod.	『양태명제론』
De purit. consc. et modo conf.	『양심의 순수함과 고백 양식』
De quat. oppositis	『네 대당(對當)』
De quo est et quod est	『'그것에 의해 있는 것(존재)'과 '있는 것(본질)'』
De rationibus fidei	『신앙의 근거들』
De regimine Iudae.	『유다인 통치』
De regimine princ.	『군주통치론』
De secreto	『비밀』
De sensu resp. singul. et intellectu resp. univ.	『감각과 개체, 지성과 보편자』
De sensu respectu singul.	『개별자 감각』
De sortibus	『제비뽑기』
De spe	『희망론』 또는 『희망에 관한 토론문제』
De spir. creat.	『영적 피조물』 또는 『영적 피조물에 관한 토론문제』
De sub. sep.	『분리된 실체』
De tempore	『시간론』
De unione Verbi Incarn.	『육화하신 말씀의 결합』 또는 『육화하신 말씀의 결합에 관한 토론문제』
De unit. vel plurit. formarum	『형상의 단일성 여부』
De unitate Intell.	『지성단일성』
De usuris in communi	『고리대금』
De veritate	『진리론』 또는 『진리에 관한 토론문제』
De virt. card.	『사추덕』 또는 『사추덕에 관한 토론문제』
De virtutibus	『덕론』 또는 『덕에 관한 토론문제』
Ep. ad comitissam	『플랑드르 백작부인 회신』

Ep. ad duciss. Brabant.	『브라방의 백작부인 서신』
Ep. exhort. de modo stud.	『학업 방식에 관한 권고 서한』
Hymn.: Adoro Te	『찬미가: 엎드려 흠숭하나이다』
In Anal. post., I, II	『분석론 후서 주해』 제1권, 제2권
In Cant. Canticor.	『아가 주해』
In De anima, I, II	『영혼론 주해』 제1권, 제2권
In De cael., I, II	『천지론 주해』 제1권, 제2권
In De causis	『원인론 주해』
In De div. nom.	『신명론 주해』
In De gen. et corrupt.	『생성소멸론 주해』
In De hebd.	『주간론 주해』
In De mem. et remin.	『기억과 회상 주해』
In De meteora	『기상학 주해』
In De sensu et sensato	『감각과 감각대상 주해』
In De Trin.	『삼위일체론 주해』
In decem praecept.	『십계명 해설』
In Decretal.	『교령 해설』
In Ep. ad Col.	『콜로새서 주해』
In Ep. ad Ephes.	『에페소서 주해』
In Ep. ad Hebr.	『히브리서 주해』
In Ep. ad Philem	『필레몬서 주해』
In Ep. ad Philipp.	『필리피서 주해』
In Ep. ad Rom.	『로마서 주해』
In Ep. I ad Cor.	『코린토 1서 주해』
In Ep. II ad Cor.	『코린토 2서 주해』
In Ep. I ad Thess.	『테살로니카 1서 주해』
In Ep. Pauli	『바오로 서간 주해』
In Ethic., I, II	『니코마코스 윤리학 주해』 제1권, 제2권
In Hieremiam	『예레미야서 주해』

In Ioan.	『요한복음서 주해』
In Iob	『욥기 주해』
In Isaiam	『이사야서 주해』
In Matth.	『마태오복음서 주해』
In Metaph., I, II	『형이상학 주해』 제1권, 제2권
In orat. dominicam	『주님의 기도 해설』
In Periherm., I, II	『명제론 주해』 제1권, 제2권
In Phys., I, II	『자연학 주해』 제1권, 제2권
In Pol., I, II	『정치학 주해』 제1권, 제2권
In Psalm.	『시편 주해』
In salut. angelicam	『성모송 해설』
In Symbolorum	『사도신경 해설』
In Threnos	『애가 주해』
Officium de fest. Corp. Dom.	『성체축일 성무일도』
Orationes	『기도문』
Primus tract. de univers.	『보편자 제1론』
Principium	『취임 강연』
Quaestiones Disp.	『토론문제집』
Quodlibet., I, II	『자유토론문제집』 제1 자유토론, 제2 자유토론
Resp. ad 108	『108문항 회신』
Resp. ad 30	『30문항 회신』
Resp. ad 36	『36문항 회신』
Resp. ad 42(43)	『42(43)문항 회신』
Resp. ad 6	『6문항 회신』
Resp. ad Abba. Casin.	『몬테카시노 아빠스 회신』
Secundus tract. de univers.	『보편자 제2론』
Sermones	『설교집』
Summa totius logicae	『총논리학 대전』
Tabula Ethicorum	『윤리학 도표』

'성령의 선물' 입문

박준양 신부(가톨릭대학교 교의신학 교수, 교황청 국제신학위원)

 이번에 한글로 번역, 출간되는 『신학대전』 제24권은 제2부 제1편 제68문에서 제70문까지를 포함한다. 여기에서는 주로 성령의 '선물'(donum)과 참행복(beatitudo)에 관한 성 토마스 아퀴나스의 신학적 가르침이 잘 제시되고 있다. 이 제24권은 『신학대전』 자체가 지니는 고전적 가치에서만이 아니라 오늘날 은총 체험의 식별을 통한 올바른 신앙생활에 대한 이해와 실천을 위해서도 매우 중요한 내용들을 다루고 있다. 특히, 성령론과 은총론 관점의 신학 교육을 위한 근거 차원에서도 매우 유용한 내용들이 포함되어 있다. 이는 성령의 현존과 활동 및 그 은혜와 열매에 관한 식별의 기준들을 우리에게 잘 제시해 주기 때문이다.
 사실, 그리스도 신앙인들에게 가장 중요한 사명은 하느님의 뜻을 실행하는 것이다. 예수님께서는 "하늘에 계신 내 아버지의 뜻을 실행하는 사람이 내 형제요 누이요 어머니다."(마태 12,50)라고 말씀하신다. 그렇다면 우리는 어떻게 하느님의 뜻을 알아듣고 실천할 것인가? 우리가 믿는 하느님은 우리에게 '계시하시는 하느님'(Deus revelans)이시면서도, 다른 한편으로 '숨어 계신 하느님'(Deus absconditus)이시며 또한 '이해할 수 없는 하느님'(Deus incomprehensibilis)이시기도 하다. 이는 마치 이사야 예언자가 "아, 구원을 베푸시는 이스라엘의 하느님, 정녕 당신은 자신을 숨기시는 하느님이십니다."(이사 45,15)라고 고백하는 것과도 같다. 이처럼 숨어 계신 하느님의 이해하기 어려운 섭리와 역사(役事)를 체험하는 것은 바로 성령의 신비로운 작용을 통해서만 가능하다. 즉 성령께서는 당신의 현존과 활동을 통해 드러나는 은총과 열매를 통해서 하느님의 감추어진 신비를 우리에게 알려 주시는 것이다. 신구약 성경과 교회의 가르침 안에서 드러나는 '성령의 보편적 현존과 활동'(the universal presence and activity of the Holy Spirit)에 대한 생생한 체험은 오늘을 살아가는 신앙인들에게도 가능한 일이다. 하지만 이를 올바르게 알아듣기 위해서는 반드시 성령의 인도와 선물에 대한 식별이 필요하며, 이는 단지 개인적 영적 성장의 차원뿐 아니라 교회 공동체적 차원에서도 요청된다.[1]

현대 성령론의 개척자로 평가되는 이브 콩가르(Yves Congar, OP, 1904-1995) 추기경은 성령의 활동에 대한 식별을 크게 세 가지로 나누는데, 첫째는 교의적 또는 객관적 식별이고, 둘째는 주관적 또는 개인적 식별이며, 셋째는 바로 공동체적 식별이다.[2] 교회 공동체는 성령의 인도를 잘 식별해 따라갈 때에만 그 사명을 제대로 수행할 수 있다. 따라서 교회의 이러한 공동체적 식별은 오늘날 교회적 삶과 활동의 매우 중요한 근거 요소가 되는 것이다.

---

1. 참조: 박준양,「성령의 보편적 현존과 활동에 관한 식별: 교의신학적 원리들」,『가톨릭신학』, 9(2006/겨울), 한국가톨릭신학학회, 21-22쪽;『성령론: 생명을 주시는 주님』, 가톨릭대학교출판부, 2019, 87-89쪽.
2. 참조: 이브 콩가르,『나는 성령을 믿나이다 2』, 백운철·안영주 옮김, 가톨릭출판사, 2015, 326-329쪽.[원문: Yves Congar, OP, *Je crois en l'esprit Saint 2*, Paris, Les Editions du Cerf, 1995]

이처럼 중요한 내용을 담고 있는 『신학대전』 제24권에 대한 설명에 들어가면서, 가장 먼저 다루어 밝혀야 할 것은 번역상의 용어 정립 문제인데, 이는 개념적 혼동을 피하기 위해서이다. 교의신학 관점에서 본다면, 토마스 아퀴나스 성인이 제24권에서 많이 사용하는 라틴어 명사 '도눔'(donum)이란 단어는 우리말로 '선물' 또는 '은혜'라고 번역되는 것이 적합하다. 영어의 단어 '기프트'(gift)가 바로 여기에 해당한다. 이는 직역한다면 '선물'이라고 번역할 수도 있고, 혹은 의미적 관점에서는 '은혜'라고 번역할 수도 있다. 성령의 '선물'이란 내용적으로 볼 때 결국 성령께서 인간에게 주시는 '은혜'를 가리키기 때문이다.

이 단어는 하느님께서 성령을 통해 인간에게 선사하시는 모든 은총을 가리키는 포괄적인 용어가 될 것이다. 현대 신학에서는 '은총'(gratia)과 '은사'(charisma)를 분명히 구분해서 사용하는 흐름과 경향이 드러나는데, 사실 성령의 선물/은혜(donum)란 개념은 이 두 가지를 모두 포괄하는 의미로서도 사용 가능하다. 실제로 토마스 아퀴나스 성인도 『신학대전』 제24권에서 그렇게 사용하고 있다. 따라서 우리말 번역에서, 은사와 구별되는 의미에서의 '은혜' 개념일 경우, 이를 '은총'이라 번역해도 별문제가 없을 것이다. 즉 넓은 의미에서는 '은혜'와 '은총'을 별 구분 없이 사용해도 무방하다고 볼 수 있다.

다만, 은총이란 단어가 상존은총(gratia habitualis)이나 조력은총(gratia actualis)처럼 은총의 특정한 명칭을 가리키는 데에 사용된다면, 이 경우 '은혜'란 단어는 좀 더 포괄적 의미로서 광범위하게 사용 가능하다. 또 어떤 경우에는 그 특정 은총으로 인한 열매들을 가리키는 데에 사용되기도 한다. 예를 들어, 2014년 8월 한국을 첫 방문한 프란치스코 교황(재위 2013-)은 명동 주교좌성당에서의 '평화와 화해를 위한 미사' 강론에서 다음과 같이 말했다. "화해, 일치, 평화라는 하느님의 은혜들(God's gifts)은 이러한 회심의 은총(grace of conversion)과 분리될 수 없이 연결되어 있습니다."[3]

그런데 토마스 아퀴나스 성인은 『신학대전』에서 '은총'(gratia) 과 '은혜'(donum)라는 단어는 많이 사용하지만, '은사'(charisma)라는 용어는 거의 사용하지 않는다. 현대 신학에서 사용하는 '은사'(charisma)라는 용어와 동일한 의미로서 『신학대전』에 나타나는 것은, '무상으로 주어지는 은총'(gratia gratis data)이라는 표현이다.

토마스 아퀴나스 성인은 『신학대전』의 은총 부분에서 '하느님 마음에 들게 하는 은총'(gratia gratum faciens)과 '무상으로 주어지는 은총'(gratia gratis data)을 분명하게 구별한다. '하느님 마음에 들게 하는 은총'은 하느님과 인간을 결합시키는 작용을 하는 은총을 가리킨다. 다시 말해서, 이는 '성화은총'(gratia sactificans)인 것이다. 하지만 '무상으로 주어지는 은총'은 그것을 받는 사람 자신을 위해서가 아니라, 이를 통해 타인들이 회심하여 '의화'(justificatio) 혹은 '성화'(sanctificatio)될 수 있도록 작용하는 은총을 말한다. 따라서 '무상으로 주어지는 은총'은 그것을 직접 받는 사람 자신의 개인적 성화에 주된 목적이 있는 것이 아니라, 이를 받은 사람이 타인들의 의화 혹은 성화를 위해서 돕도록 하는 데에 그 본질적인 의미가 있다. 따라서 이는 일종의 초자연적 기능으로 드러나기도 하지만, 이를 받은 사람의 특별한 내재적 능력이나 개인적 장점으로 여겨져서는 안 된

---

3. "프란치스코 교황 성하의 강론", 평화와 화해를 위한 미사, 서울 명동 주교좌성당 (2014. 8. 18.), 『일어나 비추어라』, 한국천주교중앙협의회, 2014, 76쪽.

다.(Cf. I-II, q.111, aa.1 & 4)⁴

성 토마스 아퀴나스가 '무상으로 주어지는 은총'이란 용어를 통해 표현하고자 했던 것은 신약성경에서 바오로 사도가 말한 '카리스마'(charisma), 즉 '은사'(恩賜) 개념(1코린 12장 참조)과 동일한 것이라고 할 수 있다. 바오로 사도는 코린토 1서 12장에서 '은사'를 가리키기 위하여, 1절에서는 '프네우마티카'(πνευματικά)라는 단어를 사용하고, 4절과 9절, 28절과 31절에서는 '카리스마티카'(χαρίσματα)라는 단어를 사용하는데, 이 두 가지 표현은 여기에서 모두 동일한 '은사'의 의미로 사용된다고 볼 수 있다. 어떤 경우에, 사도 바오로는 그리스도의 구속 사업으로 주어지는 신적 은총이라는 일반적 이미에서 '은사'(χάρισμα)라는 단어를 사용하기도 한다.(참조: 로마 1,11; 5,15; 6,23; 11,29; 2코린 1,11) 하지만 대부분의 경우에서, 은사는 은총과는 확실히 구분되어 사용된다.⁵

제2차 바티칸공의회(1962-1965)의 『교회 헌장』(*Lumen Gentium*)은 12항을 통해서 '은사' 개념에 대하여 다음과 같이 자세하게 설명한다. "각 사람에게 주신 성령의 선물은 공동선을 위한 것이라는(1코린 12,7 참조) 말씀에 따라, 성령께서는 그러한 은총으로 교회의 쇄신과 더욱 폭넓은 교회 건설을 위하여 유익한 여러 가지 활동이나 직무를 받아들이는 데에 알맞도록 신자들을 준비시키신다. 그러한 은사는 뛰어난 것이든 더 단순하고 더 널리 퍼진 것이든 교회의 필요에 매우 적합하고 유익한 것이므로 감사와 위안으로 받아들여야 한다.

---

4. 참조: 박준양,『은총론, 그 고귀한 선물에 관하여』, 생활성서사, 2008, 184-185쪽.
5. 참조: 김영남, 「다양성 안에서의 일치: 코린토 1서 12장 1-11절」, 『생활성서』 225(2002/5월), 생활성서사, 104쪽.

그러나 이례적인 은총은 함부로 간청하지 말아야 하며, 지레 그러한 은총에서 사도직 활동의 결실을 바라지도 말아야 한다. 그렇지만 은사의 진실성과 올바른 실천에 관한 판단은 교회를 다스리는 이들에게 속하며, 성령의 불을 끄지 않고 모든 것을 시험하여 좋은 것을 붙드는 일은 특별히 그들의 소관이다(1테살 5,12.19-21 참조)."

따라서 현대 신학에서도 바로 이러한 의미에서 '은사'(charisma)라는 개념과 용어를 규정하여 사용한다. '은사'는 성령께서 교회 공동체를 위해서, 그리고 그 공동체의 선익을 위해서 내려 주시는 여러 특별한 은혜와 선물들을 가리킨다. 따라서 이는 그것을 받는 개인들을 위한 것이라기보다는 교회 공동체의 구성원들을 돕기 위한 것이다. 그리고 궁극적으로는 교회의 성장과 발전을 위한 공동체성과 봉사성이 그 본질이라 할 수 있다.[6]

한마디로, 은사는 성령께서 교회 공동체를 위해서 내려 주시는 특별한 선물들이라 할 수 있다. 이러한 은사는 한 개인의 내적 성화와 연결될 수도 있지만, 기본적으로 그것은 한 개인에게 내재된 특정 자질보다는 항상 무상의 선물로서 존재하는 하느님의 은혜를 가리킨다. 예를 들어, 누군가에게 치유의 은사가 있다면, 그 은사를 받은 사람의 특정 자질이나 내재된 치유 능력으로 간주해서는 안 되고, 이는 오직 교회 공동체의 구성원들에게 봉사하기 위한 선물로서 그 사람에게 일정 기간 동안 주어진 것일 뿐이라는 사실을 명심해야 할 것이다. 이러한 은사는 쉽사리 내재화되지 않고 또 대부분의 경

---

6. 참조: 박준양,「성령의 보편적 현존과 활동에 관한 식별: 교의신학적 원리들」, 36-40쪽;『성령론, 그 신비로운 현존과 작용에 관하여』, 생활성서사, 2008, 59-60쪽;『은총론, 그 고귀한 선물에 관하여』, 186쪽.

우 영속적이지 않다. 카리스마는 근본적으로 성화은총을 위하여 있는 것이며, 교회의 공동선을 목적으로 한다. 따라서 은사는 복음 선포의 구체적 표징이며, 이를 선사하는 성령의 현존과 표지가 되는 것이다.[7]

이번에 번역되는 『신학대전』 제2부 제1편 제68문 제1-8절의 내용을 통해서 성 토마스 아퀴나스는 총 여덟 가지 차원에서 성령의 은혜/선물에 대하여 다루고 있다. 그런데 여기에서 성령의 '은혜'라는 단어는 은총과 은사를 포괄하는 넓은 의미로 사용되기 때문에, 각 문맥에 따라 그 의미를 구별해야만 한다. 여기에서 다루어지는 문제들은 첫째, 성령의 은혜들은 덕들로부터 구별되는가의 문제, 둘째, 은혜들의 필요성에 대한 문제, 셋째, 은혜들은 습성(habitus)인가의 문제, 넷째, 은혜들의 수는 몇이며 각각 무엇인가의 문제, 다섯째, 은혜들은 서로 연결되는가의 문제, 여섯째, 은혜들은 하느님의 나라에서도 존속하는가의 문제, 일곱째, 은혜들의 상호 비교에 대한 문제, 여덟째, 은혜들과 덕의 비교 문제 등이다.

---

7. 참조: 『가톨릭교회 교리서』, 주교회의 교리교육위원회 옮김, 한국천주교중앙협의회, 2008, 732쪽(2003항).[원문: *Catechismus Catholicae Ecclesiae*, Vatican City: Libreria Editrice Vaticana, 1997]; 한국천주교주교회의 신앙교리위원회, 『올바른 성령 이해』, 한국천주교중앙협의회, 2008, 71-72쪽; 박준양, 『성령론: 생명을 주시는 주님』, 196-209쪽; 게르하르트 로핑크, 『예수는 어떤 공동체를 원했나? 그리스도 신앙의 사회적 차원』, 정한교 옮김, 왜관: 분도출판사, 1996(신정판), 143-150쪽.[원문: Gerhard Lohfink, *Wie hat Jesus Gemeinde gewolt? Zur gesellschaftlichen Dimension des christlichen Glaubens*, Freiburg im Breisgau, Herder, 1982]; 샤를르 페로, 『예수 이후: 초대 교회의 직무』, 백운철 옮김, 가톨릭출판사, 2002, 68쪽.[원문: Charles Perrot, *Après Jésus: Le ministère chez les premiers chrétiens*, Paris, Les Editions de l'Atelier/ Editions Ouvrières, 2000]

제68문의 제1절에서, 토마스 성인은 맨 먼저 은혜와 덕(德, virtus)의 관계성에 대하여 설명한다. 사실, 은혜와 덕은 공통점을 지니면서도 동시에 차이점을 보이기도 한다. 예를 들어, 성령칠은 중 하나인 '지혜' 혹은 '슬기'(wisdom)[8]는 동일한 내용을 가리킨다 하더라도, 만일 그것이 이성적인 판단으로부터 오는 경우에는 지성적인 덕이라 불러야 할 것이며, 만일 그것이 하느님의 격려로부터 오는 경우에는 은혜라 불러야 하는 것이다.

그리고 제2절에서, 토마스 성인은 은혜가 우리의 구원을 위해 필요함을 말한다. 인간 이성의 결함과 한계에 맞서 하느님께서는 우리에게 성령의 은혜를 주시는데, 이를 통해 우리는 성령의 인도와 격려를 잘 따를 수 있게 되기 때문이다.

제3절에서, 토마스 성인은 성령의 은혜가 습성(habitus)이 될 수 있다고 말한다. 즉 성령의 은혜를 통해 인간 본성이 습성화되어 완성을 향해 이끌어지기 때문이다. 사실, 바로 이 점에서 토마스 성인이 여기에서 말하는 성령의 선물 혹은 은혜(donum)가 오늘날 현대 신학에서 말하는 은사(charisma)와는 분명히 구분됨을 알 수 있다. 현대 신학의 은총론에서, 은사의 가장 기본적 성격 중 하나는, 인간의 습성으로 내재화되기 어려운 '외적 지향성'에 있다고 분명히 천명되기 때문이다. 바로 이러한 맥락에서, 토마스 성인은 '예언'의 경우에는 습성화 혹은 내재화되지 않는 것이므로 여기에서 말하는 습성화될 수 있는 은혜와는 다른 범주의 것임을 분명히 밝히고 있다. 사실, 이러한 '예언'의 능력은 오늘날 현대 신학의 관점에서 말하는 '은사' 개

---

8. '성령칠은'에 대한 용어 구분에 관해서는 참조: 『천주교 용어집』, 주교회의 천주교 용어위원회 편찬, 한국천주교중앙협의회, 2014(개정판), 61-62쪽.

념에 속한다고 규정 가능하다.

성령의 은혜는 기본적으로 우리가 '그리스도 안에서' 사는 삶을 실현하고 내면화시키지만,[9] 은사는 특별히 공동체성과 봉사성이라는 그 고유한 목적과 본질 때문에 거의 대부분 외향적인 특성을 지닌다. 제2차 바티칸공의회에서 크게 활약하였던 벨기에의 레옹-조셉 수에넨스(Léon-Joseph Suenens, 1904-1996) 추기경이 1974년에 신학자들 및 평신도 지도자들로 구성된 국제적 모임을 소집해 작성한 문헌인『가톨릭 성령 쇄신의 신학적 및 사목적 방향 정위』에 따르면, "은사들은 교회와 세계에 대한 봉사 직능들"이기에 "개인의 성화를 지향하는 내향적인 것이기보다는 오히려 공동체의 선익을 지향하는 외향적인 것"이다. 즉, 은사들은 "기도의 선물"이나 "개인 신심의 선물" 혹은 "유별난 영신적 은총"이 아니라, "본질적으로 매일의 지역 교회 생활에 속해 있는 봉사 직능"이며 "위타적(爲他的) 봉사직"인 것이다.[10]

이어서 제4절에서, 토마스 성인은 교회의 전통 안에서 성령의 은혜들을 흔히 '성령칠은'(聖靈七恩)이라고 분류하는 것이 적합하고 적절하게 열거된 것임을 역설한다. 즉 지혜/슬기(sapientia, wisdom), 통찰/깨달음(intellectus, understanding), 식견/깨우침(consilium, counsel), 지식/앎(scientia, knowledge), 용기/굳셈(fortitudo, fortitude), 공경/받듦(pietas, piety), 경외/두려워함(timor, fear of the Lord)의 일곱 가지 분류는 매우

---

9. 참조: 이브 콩가르,『나는 성령을 믿나이다 2』, 183-192쪽.
10. 참조:「가톨릭 성령 쇄신의 신학적 및 사목적 방향 정위」(*Theological and Pastoral Orientations on the Catholic Charismatic Renewal*); 레옹-조셉 수에넨스,『성령은 나의 희망』, 김마리-로사 옮김, 왜관: 분도출판사, 1976, 301-302쪽.[원문: Léon-Joseph Suenens, *Une Nouvelle Pentecôte?*, Paris, Desclée, 1974]

적합한 것임을 설명한다.

제5절에서 토마스 성인은, 성령의 은혜는 동일한 사람 안에서도 참사랑(caritas)을 통해 서로 연결되는 것임을 설명한다. 그런데 이러한 설명에서, 다시 한 번 성령의 '은사'와 '은혜'가 개념적으로 분명히 구분된다. 성령칠은 중 '지혜'와 '지식'은 한편으로 볼 때, '무상으로 주어지는 은총'(gratia gratis data)이 되는데, 이 경우 이를 받은 사람은 하느님과 관련된 일과 사람과 관련된 일에 대하여 충분히 잘 알게 되어 신앙인들을 가르치고 적대자들을 논박할 수 있게 된다. 바오로 사도가 코린토 1서 12장 8절에서 '지혜'와 '지식'에 대하여 말한 것은 바로 이러한 의미에서라고 토마스 성인은 설명한다. 따라서 이는 분명히 오늘날의 '은사' 개념에 속하는 것이다. 하지만 다른 한편으로 볼 때, 성령칠은 중 '지혜'와 '지식'은 성령의 은혜 혹은 은총으로서, 인간에게 성령의 인도를 따르고자 하는 그 어떤 경향성을 부여하여 그 인간 본성을 완성을 향해 이끌게 되는 것이다.

제6절에서, 토마스 성인은 성령의 은혜가 하느님 나라에서도 존속하는 것임을 설명한다. 물론, 개별적인 은혜들 중 현세의 상태와 함께 사라지는 것들도 있지만, 또한 미래에도 여전히 존속하는 것들이 있음을 제시한다. 그리고 성령의 은혜들 중, 현세에서는 단지 그것을 희망하는 데에서 그칠 수 있으나 하느님 나라에서 그것을 온전히 얻게 되는 것들도 있음을 설명한다.

제7절에서, 성 토마스는 구약성경 이사야 예언서 11장 1-3절에 나오는 성령의 은혜들 사이에도 일종의 서열이 있음을 말한다. 그러나 그것이 무조건적인 서열이라기보다는 은혜들에 대한 성찰의 관점과 각도에 의한 것임을 설명한다.

제8절에서, 토마스 성인은 성령의 은혜들과 덕을 비교하여 설명한다. 우선, 사랑은 대신덕(對神德)이기에, 이 덕은 은혜보다 더 중요하다고 할 수 있다. 그리고 완전성과 존귀성의 순서에서 본다면, 성령의 은혜는 다른 지성적인 덕과 도덕적인 덕에 우선한다. 은혜는 성령의 활동과 관련하여 영혼의 능력들을 완성으로 향하게 하는 데 비해서, 덕은 이성 자체나 이성을 지향하는 다른 능력들을 완성으로 이끌기 때문이다. 하느님에 대한 사랑이 그 존귀성에서 볼 때 이웃에 대한 사랑보다 앞서는 것과 마찬가지이다. 하지만 발생과 배열의 순서에서 본다면, 도덕적인 선과 지성적인 선이 은혜에 선행하는데, 이는 인간이 자신이 고유한 이성과 관련하여 좋은 상태에 있음을 통해 비로소 하느님과의 관계에서 좋은 상태로 나아갈 수 있기 때문이다. 마치 행위에 관한 한, 이웃에 대한 사랑이 하느님에 대한 사랑보다 선행하는 것과 마찬가지라고 할 수 있는 것이다.

제69문에서는 인간의 '행복', 특히 참행복(beatitudo)에 대하여 말하고 있다. 먼저 제1절에서, 행복과 성령의 은혜 및 덕과의 관계에 대하여 설명한다. 일반적인 행복인 경우 덕에 의해서 이루어질 수 있다, 하지만 영원한 행복, 즉 참행복 또는 지복(至福)에 대하여 말하는 경우, 거기에 이르는 것은 인간의 이성만으로는 안 되고 성령의 은혜를 통해서 이루어지는 것임을 강조한다. 그리고 제2절에서, 우리가 지복에 귀속됨으로써 받게 되는 상은 기본적으로 내세의 삶에서 절정에 달하게 되는 것이지만, 현세의 삶 안에서도 그 시작의 단계로서 존재 가능한 것임을 말한다. 이는 현대 신학에서의 '하느님 나라'(Regnum Dei, the Reign of God)에 관한 설명과 일치한다. 하느님 나라는 이 세상에 이미(already) 도래했지만, 그 완성은 아직 아니(not yet) 이루어진 것이다.[11] 우리는 이 세상 안에서 성령의 작용으로 이미 하느님 나라의 행복을 맛보고 거기에 참여하게 되지만, 그 결정적인 완성은 하느님의 나라에서 온전히 이루어질 것임을 토마스 아퀴나스 성인은 분명하게 밝힌다. 제3절과 제4절에서는 마태오복음서와 루카복음서에 나오는 "참행복 선언"에 대하여 설명한다. 여기서는 마태오복음서 5장의 "산상설교"를 중심으로 설명하면서 루카복음서 6장의 "평지 설교" 내용을 비교하는 형식인데, 오늘날의 성서신학적 관점에서 보더라도 매우 흥미로운 내용의 설명이 제시된다.

제70문에서는 성령의 '열매'(fructus)에 대하여 다룬다. 이는 신약성경 바오로 서간 중 갈라티아서 5장 22-23절에 나오는 다음 내용에 관한 것이다. "성령의 열매는 사랑, 기쁨, 평화, 인내, 호의, 선의, 성실, 온유, 절제입니다." 제1절에서는 열매와 행위(actus)의 관계에 대하여 구분하며 설명한다. 제2절에서는 열매와 행복의 관계에 대하여 구분하며 설명한다. 제3절에서는 갈라티아서 5장 22-23절에서 열거되는 "성령의 열매"의 의미에 관하여 설명한다. 제4절에서는 이러한 "성령의 열매"가 갈라티아서 5장 19-21절에 나오는 "육의 행실"(opera carnis)과 어떠한 관계에 있는지를 밝힌다.

오늘날 성령의 현존과 작용 및 그 은혜/선물들을 식별하는 것은 교회의 복음화 사명 수행을 위해서 매우 중요한 일이다. 프란치스

---

11. 참조: 박준양, 「성령의 보편적 현존과 활동에 관한 식별: 교의신학적 원리들」, 25-27쪽; 『그리스도론, 하느님 아드님의 드라마!』, 생활성서사, 2009, 163-167쪽.

코 교황(재위 2013-)은 2018년 발표한 권고 「기뻐하고 즐거워하여라」 (*Gaudete et Exsultate*) 167-168항에서 식별의 중요성에 대하여 다음과 같이 강조한다. "식별의 지혜가 없다면, 우리는 모든 지나가는 유행에 좌우되는 꼭두각시가 되기 쉽습니다. 식별은 우리 삶에 새로운 일이 생길 때 더욱더 중요합니다."[12]

사실, 이러한 식별은 우리 삶의 특별한 순간들만이 아니라 그리스도인의 일상적 삶을 통해서도 이루어져야 한다. 이러한 맥락에서, 프란치스코 교황은 말한다. "식별은 또한 우리가 심각한 문제를 해결하거나 중대한 결정을 내릴 때와 같이 특별한 시기에만 필요한 것이 아닙니다. 식별은 우리가 주님을 더욱 충실히 따르도록 도와주는 영적 투쟁의 도구입니다. 우리는 언제나 식별이 필요합니다. 우리가 하느님의 때와 그분의 은총을 깨달을 수 있으려면, 주님의 감도를 놓치지 않으려면 식별이 필요합니다."[13]

식별과 관련하여 본다면, 바오로 사도는 "영들을 식별하는 은사"(1코린 12,10)에 관해 언급함에 주목해야 한다. 따라서 영의 식별 능력 자체가 하나의 은사라고, 즉 하느님께서 성령을 통하여 특별한 방법으로 허락하시는 것이라고 볼 수 있다. 하지만 다른 한편으로 본다면, 식별의 능력은 이성의 사용을 통한 신학적 통찰 혹은 오랜 영적 체험의 성찰에 의해 얻어지기도 한다. 이처럼 '덕'(virtus)으로서의 식별은 인식과 판단의 행위이기에 근본적으로 지성과 관련이 있

---

12. 프란치스코, 『기뻐하고 즐거워하여라: 현대 세계에서 성덕의 소명에 관한 교황 권고』(2018. 3. 19), 한국천주교중앙협의회, 2018, 105쪽.[원문: Esortazione apostolica *Gaudete et Exsultate* sulla chiamata alla santità nel mondo contemporaneo, Vatican City, Libreria Editrice Vaticana, 2018]
13. 『기뻐하고 즐거워하여라』, 106쪽(169항).

고, '지혜'의 범주에 들어간다고 볼 수 있다.[14]

이처럼 중요한 식별을 위한 기준과 근거를 우리는 가톨릭 신학의 고전인 성 토마스 아퀴나스의 『신학대전』 제24권을 통해 발견할 수 있다. 여기에서 토마스 성인은 성령의 은혜와 덕, 그리고 행복의 관계에 대하여 자세히 설명하고 있기 때문이다. 이 책에서 제시되는 튼튼하고 건전한 철학적, 신학적, 교회적 기반 위에서, 우리는 '시대의 표징'(signa temporum)[15]을 읽고 잘 해석함으로써 오늘날 역사하시는 성령의 신비로운 현존과 작용 및 그 은혜와 선물을 올바른 방식으로 식별하게 될 것이다. 그리고 그러한 식별을 바탕으로 해서, 우리는 교회 공동체의 복음화 사명에 건전하고 올바른 방식으로 투신하게 될 것이다.

참고문헌

박준양, 『성령론: 생명을 주시는 주님』, 가톨릭대학교출판부, 2019.
수에넨스, 레옹-조셉, 『성령은 나의 희망』, 김마리-로사 옮김, 분도출판사, 1976.
콩가르, Y., OP, 『나는 성령을 믿나이다 2』, 백운철·안영주 옮김, 가톨릭출판사, 2015.

---

14. 참조: 한국천주교주교회의 신앙교리위원회, 『올바른 성령 이해』, 69-70쪽; 마누엘 루이스 후라도, 『영적 식별』, 박일 옮김, 가톨릭대학교출판부, 2010, 132쪽.[원문: Manuel Ruiz Jurado, *El discernimiento espiritual: Teología, Historia, Prática*, Madrid, Biblioteca de Autors Cristianos, 1994]
15. 제2차 바티칸공의회의 「사목 헌장」(*Gaudium et Spes*) 11항에서 제시된 '시대의 표징' 개념에 대하여 참조: 박준양, 「제2차 바티칸공의회에 나타난 성령론적 전망」, 『가톨릭 신학과 사상』 56(2006/여름), 가톨릭대학교출판부, 144-148쪽.

한국천주교주교회의 신앙교리위원회, 『올바른 성령 이해』, 한국천주 교중앙협의회, 2008.

Aumann, Jordan, "Mystical Experience, the Infused Virtues and the Gifts", *Angelicum* 58(1981), 33-54.

Bouchard, Charles E., "Recovering the Gifts of the Holy Spirit in Moral Theology", *Theological Studies* 63(2002), 539-558.

Emery, Gilles, OP, "Holy Spirit", in Philip McCosker & Denys Turner(eds.), *The Cambridge Companion to the Summa Theologiae*, Cambridge, Cambridge University Press, 2016, pp.129-141.

Emery, Gilles, OP, *The Trinitarian Theology of St Thomas Aquinas*, tr. Francesca A. Murphy, Oxford, Oxford University Press, 2007.

Evans, George P., "Gifts of the Holy Spirit", in Michel Downey(ed.), in *New Dictionary of Catholic Spirituality*, Collegeville(Minn.), The Liturgical Press, 1993, pp.436-438.

Farrell, John, *St. Thomas Aquinas' Treatment of the Gifts of the Holy Spirit in the Summa Theologiae*, Ph. Thesis, University of Edinburgh, 1984.

Finley, Mitch, *The Seven Gifts of the Holy Spirit*, Missouri, Liguori, 2001.

Horst, U., *Die Gaben des Heiligen Geistes nach Thomas von Aquin*, Berlin, 2001.

John Of St. Thomas, *The Gifts of the Holy Ghost*, tr., D. Hughes, OP, New Yok, Sheed & Ward, 1951.

Keaty, Anthony, "The Holy Spirit Proceeding as Mutual Love", *Angelicum* 77(2000), 553-557.

Krapiec, Albertus, OP, "Inquisitio circa Divi Thomae doctrinam de Spiritu Santo prout amore", *Divus Thomas* 53(1950), 474-495.

McKay, Angela, *The Infused and Acquired Virtues in Aquinas' Moral Philosophy,* Dissert., University of Notre Dame, 2004.

Pinsent, Andrew, "The Gifts and Fruits of the Holy Spirit", in Brian Davies & Eleonore Stump(eds.), *The Oxford Handbook of Aquinas,* Oxford, Oxford University Press, 2012, pp.475-488.

Pinsent, Andrew, *The Second-Person Perspective in Aquinas's Ethics: Virtues and Gifts,* New York, Routledge, 2012.

Porter, Jean, "The Subversion of Virtue: Acquired and Infused Virtues in the Summa Theologiae", *Annual of the Society of Christian Ethics,* 1992, 19-41.

Rzhiha, John, *Perfecting Human Actions: St. Thomas Aquinas on Human Participation in Eternal Law,* Washington, Catholic University of America Press, 2009("The Gifts of the Holy Spirit", pp.244-256).

Sherwin, Michael, "Infused Virtue and the Effects of Acquired Vice: A Test Case for the Thomistic Theory of Infused Cardinal Virtues", *The Thomist* 73(2009), 29-52.

토마스 아퀴나스 신학대전 24
성령의 선물

제2부 제1편
제68문 - 제70문

토마스 아퀴나스 신학대전 24
성령의 선물

QUAESTIO LXVIII
DE DONIS
in octo articulos divisa

Consequenter considerandum est de donis.[1] Et circa hoc quaeruntur octo.

Primo: utrum dona differant a virtutibus.
Secundo: de necessitate donorum.
Tertio: utrum dona sint habitus.
Quarto: quae, et quot sint.
Quinto: utrum dona sint connexa.
Sexto: utrum maneant in patria.
Septimo: de comparatione eorum ad invicem.
Octavo: de comparatione eorum ad virtutes.

Articulus 1
Utrum dona differant a virtutibus

Ad primum sic proceditur. Videtur quod dona non distinguantur a virtutibus.

제68문
선물들에 대하여
(전8절)

계속해서 선물들을 고찰하여야 한다.[1] 여기에 관해서는 여덟 가지 문제가 제기된다.

1. 선물들은 덕들로부터 구별되는가?
2. 선물들의 필요성에 대하여.
3. 선물들은 습성인가?
4. 선물들의 수는 몇이며 각각 무엇인가?
5. 선물들은 서로 연결되어 있는가?
6. 선물들은 본향에서도 존속하는가?
7. 선물들의 상호 비교.
8. 선물들의 덕과의 비교.

제1절: 선물들은 덕들로부터 구별되는가?

Parall.: *In Sent.*, III, d.34, q.1, a.1; *In Isaiam*, c.11; *In Ep. ad Galat.*, c.5, lect.6.

---

1. Cf. I-II, q.49, Introd.

1. Dicit enim Gregorius, in I *Moral.*,[1] exponens illud *Iob* [1,2], «nati sunt ei septem filii»: *Septem nobis nascuntur filii, cum per conceptionem bonae cogitationis, Sancti Spiritus septem in nobis virtutes oriuntur.* Et inducit illud quod habetur Isaiae 11, [2-3]: *Requiescet super eum spiritus intellectus* etc., ubi enumerantur septem Spiritus Sancti dona. Ergo septem dona Spiritus Sancti sunt virtutes.

2. Praeterea, Augustinus dicit, in libro *de Quaestionib. Evang.*,[2] exponens illud quod habetur Matth. 12, [45], «Tunc vadit, et assumit septem alios spiritus etc.»: *Septem vitia sunt contraria septem virtutibus Spiritus Sancti,* idest septem donis. Sunt autem septem vitia contraria virtutibus communiter dictis. Ergo dona non distinguuntur a virtutibus communiter dictis.

3. Praeterea, quorum est definitio eadem, ipsa quoque sunt eadem. Sed definitio virtutis convenit donis, unumquodque enim donum est *bona qualitas mentis qua recte vivitur,* etc.[3] Similiter definitio doni convenit virtutibus infusis, est enim donum *datio irreddibilis,* secundum Philosophum.[4] Ergo virtutes et dona non distinguuntur.

4. Praeterea, plura eorum quae enumerantur inter dona, sunt virtutes. Nam sicut supra[5] dictum est, sapientia et intellectus

---
1. c.27: PL 75, 544B.
2. I, q.8; PL 35, 1325.
3. Cf. q.55, a.4.
4. *Topica,* IV, c.4, 12: 125a18.

[반론] 첫째에 대해서는 다음과 같이 진행된다. 선물들은 덕들로부터 구별되지 않는 것으로 보인다.

1. 그레고리우스는 『욥기의 도덕적 해설』 제1권에서[1] 욥기 1장 [2절]의 "그에게는 일곱 아들이 태어났다."는 구절을 해석하면서 "우리에게 일곱 아들이 태어나는 것은 좋은 생각을 품음으로써 성령의 일곱 덕이 우리 안에 태어날 때이다."라고 말하고서 이사야서 11장 [2-3절]의 "통찰의 영은 그 위에서 머무르리라…."는 구절을 인용하는데, 그곳은 바로 성령의 일곱 가지 선물들이 열거되는 자리이다. 그러므로 성령의 선물들은 덕이다.

2. 아우구스티누스는 『복음서의 제 문제』에서[2] 마태오복음서 12장 [45절]의 "그러면 다시 나와 다른 일곱 영을 데려온다."는 구절을 해석하면서, "일곱 가지 악습은 성령의 일곱 덕에 반대된다."고 말하는데, 일곱 덕이 바로 성령의 선물이다. 그런데 일곱 악습은 일반적으로 일컬어지는 덕들에 반대된다. 그러므로 선물들은 일반적으로 일컬어지는 덕들로부터 구별되지 않는다.

3. 어떤 것들의 정의(定義, definitio)가 동일하면 그 어떤 것들도 서로 동일하다. 그런데 덕의 정의는 선물들에도 적용된다. 모든 선물은 "그것을 통해 사람이 올바르게 사는 그런 정신의 좋은 성질"이다.[3] 마찬가지로 은사의 정의는 주입된 덕들에 적용된다. 철학자에 의하면[4] 선물은 "보답 받을 필요 없이 주어진 것(datio irredibilis)"이기 때문이다. 그러므로 덕과 선물은 구별되지 않는다.

4. 선물들 사이에서 열거되는 많은 것들이 덕이다. 위에서 언급된 것처럼[5] 지혜와 통찰과 지식은 지성적인 덕들이고, 의견은 현명에 속

---

5. q.57, a.2.

et scientia sunt virtutes intellectuales; consilium autem ad prudentiam pertinet; pietas autem species est iustitiae; fortitudo autem quaedam virtus est moralis. Ergo videtur quod virtutes non distinguantur a donis.

SED CONTRA est quod Gregorius, I *Moral.*,[6] distinguit septem dona, quae dicit significari per septem filios Iob, a tribus virtutibus theologicis, quas dicit significari per tres filias Iob. Et in II *Moral.*,[7] distinguit eadem septem dona a quatuor virtutibus cardinalibus, quae dicit significari per quatuor angulos domus.

RESPONDEO dicendum quod, si loquamur de dono et virtute secundum nominis rationem, sic nullam oppositionem habent ad invicem. Nam ratio virtutis sumitur secundum quod perficit hominem ad bene agendum, ut supra[8] dictum est, ratio autem doni sumitur secundum comparationem ad causam a qua est. Nihil autem prohibet illud quod est ab alio ut donum, esse perfectivum alicuius ad bene operandum, praesertim cum supra[9] dixerimus quod virtutes quaedam nobis sunt infusae a Deo. Unde secundum hoc, donum a virtute distingui non potest. Et ideo quidam[10] posuerunt quod dona non essent a virtutibus

---

6. Loc. cit., PL 75, 544.
7. PL 75, 592BD.
8. q.55, aa.3-4.
9. q.63, a.3.

하며, 효경은 정의의 한 종(種)이고, 용기는 윤리덕의 하나이기 때문이다. 그러므로 덕들은 선물들로부터 구별되지 않는 것으로 보인다.

[재반론] 그러나 반대로 그레고리우스는 『욥기의 도덕적 해설』 제1권에서,[6] 그가 욥의 일곱 아들이 나타낸다고 말하는 일곱 선물을 욥의 세 딸이 나타낸다고 말하는 세 대신덕(對神德)으로부터 구별한다. 그리고 『욥기의 도덕적 해설』 제2권에서[7] 같은 일곱 선물을 욥 집의 네 귀퉁이가 나타낸다고 하는 사추덕(四樞德)으로부터 구별한다.

[답변] 우리가 선물과 덕을 단어의 의미로만 말한다면, 이들은 서로 대립되지 않는다. 왜냐하면 덕의 개념은 위에서 언급된 것처럼[8] 인간으로 하여금 잘 행위 하게 하는 능력을 준다는 데에서 나오고, 선물의 개념은 그것이 유래하는 원인과의 관계에서 나오기 때문이다. 그런데, 타자로부터 선물로 주어지는 것이 다른 사람을 잘 행위 하도록 완성시킬 수 없는 이유는 없다. 특히 위에서[9] 말한 바와 같이, 어떤 덕들은 하느님께로부터 우리에게 주입된 것이다. 이 점에서 선물은 덕으로부터 구별되지 않는다. 그러므로 몇몇 사람들은[10] 선물이 덕

---

10. 이 절에서 성 토마스는 스승 알베르투스 마뉴스(Albertus Magnus)에게서 찾아볼 수 있는 여러 주장들(In Sent., III, d.34, a.1, q.1)을 자신의 논의를 위해 인수한다. Cf. G.-M. Csertö, OP, De timore Dei iuxta doctrinam scholasticorum a Petro Lomb. usque ad S. Th., Romae, 1940, pp.200-201(Cf. ibid., pp.87-88, 152, 175-176); O. Lottin, OSB, "Les dons du S. Esprit chez les theologiens depuis Pierre Lombard jusqu'a S. Thomas d'Aquin", in Recherches de theologie anc. et med., t.1(1929), p.41. 선물들이 덕들과 구별되어서는 안 된다고 보는 '유명론'적 입장은 기욤 도세르(Guillelmus Antissiodorensis, +1231)와 기욤 도베르뉴(Guillelmus Alvernus, +1249)의 권위에 호소하고 있다. Cf. G.-M. Csertö, OP, op. cit., pp.54, 63, 201.

distinguenda.—Sed eis remanet non minor difficultas, ut scilicet rationem assignent quare quaedam virtutes dicantur dona, et non omnes; et quare aliqua computantur inter dona, quae non computantur inter virtutes, ut patet de timore.

Unde alii[11] dixerunt dona a virtutibus esse distinguenda; sed non assignaverunt convenientem distinctionis causam, quae scilicet ita communis esset virtutibus, quod nullo modo donis, aut e converso. Considerantes enim aliqui[12] quod, inter septem dona, quatuor pertinent ad rationem, scilicet sapientia, scientia, intellectus et consilium; et tria ad vim appetitivam, scilicet fortitudo, pietas et timor; posuerunt quod dona perficiebant liberum arbitrium secundum quod est facultas rationis, virtutes vero secundum quod est facultas voluntatis, quia invenerunt duas solas virtutes in ratione vel intellectu, scilicet fidem et prudentiam, alias vero in vi appetitiva vel affectiva.—Oporteret autem, si haec distinctio esset conveniens, quod omnes virtutes essent in vi appetitiva, et omnia dona in ratione.

Quidam vero,[13] considerantes quod Gregorius dicit, in II *Moral.*,[14] quod *donum Spiritus Sancti, quod in mente sibi subiecta format temperantiam, prudentiam, iustitiam et fortitudinem; eandem mentem munit contra singula tentamenta per septem dona*, dixerunt quod virtutes ordinantur ad bene operandum, dona vero ad

---

11. 필리푸스 총장(Philippus Cancellarius, +1236)과 알렉산더 할레스(Alexander Halensis, +1245)의 추종자들. Cf. G.-M. Csertö, OP, *op. cit.*, pp.65 & 76.

으로부터 구별되지 않는다고 주장하였다.—그러나 그들은 그보다 적지 않은 난점을 해결해야 한다. 그들은 왜 모든 덕들이 아니라 어떤 (특정한) 덕들이 선물이라 불리고, 선물들 가운데 어떤 것들은 두려움과 같이 덕으로 여겨지지 않는지를 설명해야 하는 것이다.

그러므로 다른 이들[11]은 선물을 덕으로부터 구별해야 한다고 말하였다. 그러나 그들은 구별의 적절한 근거를 적시하지는 못하였다. 말하자면 모든 덕에 해당되지만 어떤 선물에도 해당되지 않는, 아니면 모든 선물에 해당되지만 어떤 덕에도 해당되지 않는 근거를 찾지 못한 것이다. 어떤 이들[12]은 일곱 가지 선물 중 네 가지, 즉 지혜, 지식, 통찰(intellectus), 의견은 이성에 속하고, 다른 세 가지, 즉 용기, 효경 그리고 두려움은 욕구에 속한다고 생각하여, 선물은 이성의 능력으로서의 자유의지(liberum arbitrium)를 완성시키고, 덕은 의지의 능력으로서의 자유의지를 완성시킨다고 주장하기도 하였다. 왜냐하면 그들은 단지 두 덕, 즉 믿음(fides)과 현명(prudentia)은 이성 혹은 지성 안에 있고, 다른 덕들은 욕구(능력) 혹은 정감 안에 있다고 생각하였기 때문이다.—그러나 이 구별이 만일 적절하다면, 모든 덕은 욕구 안에 있고, 모든 선물은 이성 안에 있어야 마땅할 것이다.

어떤 이들[13]은 그레고리우스가 『욥기의 도덕적 해설』 제2권에서[14] "성령의 선물은 자신에게 복종하는 영혼 안에서 현명, 정의, 절제 그리고 용기를 형성하고, 온갖 유혹에 맞서 일곱 가지 선물을 통하여 그 영혼을 수호한다."고 말한 데에 따라, 덕은 잘 행위 하는 것을, 그

---

12. 예컨대 프레포시티누스 크레모넨시스(Praepositinus Cremonenesis, +1210). 필리푸스 총장도 자신의 해결책을 도입하기 위해서 이 견해를 소개하고 있다. Cf. Ibid., p.64.
13. 필리푸스 총장은 이 견해를 자기 자신의 해결책을 제시하기 위한 서설로 제시하고 있다. Cf. ID., Ibid., p.64.
14. Loc. cit., PL 75, 592 D.

resistendum tentationibus.—Sed nec ista distinctio sufficit. Quia etiam virtutes tentationibus resistunt, inducentibus ad peccata, quae contrariantur virtutibus, unumquodque enim resistit naturaliter suo contrario. Quod praecipue patet de caritate, de qua dicitur *Cantic.* 8, [7]: *Aquae multae non potuerunt extinguere caritatem.*

Alii vero,[15] considerantes quod ista dona traduntur in Scriptura secundum quod fuerunt in Christo, ut patet Isaiae 11, [2-3]; dixerunt quod virtutes ordinantur simpliciter ad bene operandum; sed dona ordinantur ad hoc ut per ea conformemur Christo, praecipue quantum ad ea quae passus est, quia in passione eius praecipue huiusmodi dona resplenduerunt.—Sed hoc etiam non videtur esse sufficiens. Quia ipse Dominus praecipue nos inducit ad sui conformitatem secundum humilitatem et mansuetudinem, Matth. 11, [29]: *Discite a me, quia mitis sum et humilis corde*; et secundum caritatem, ut Ioan. 15, [12]: *Diligatis invicem, sicut dilexi vos.* Et hae etiam virtutes praecipue in passione Christi refulserunt.

Et ideo ad distinguendum dona a virtutibus, debemus sequi modum loquendi Scripturae, in qua nobis traduntur non quidem sub nomine donorum, sed magis sub nomine *spirituum*, sic enim dicitur Isaiae 11, [2-3]: *Requiescet super eum spiritus sapientiae et intellectus*, etc. Ex quibus verbis manifeste datur intelligi quod ista septem enumerantur ibi, secundum quod sunt in nobis ab inspiratione divina. Inspiratio autem significat quandam

리고 선물은 유혹에 잘 저항하는 것을 지향한다고 말하였다.—그러나 이 같은 구분들은 둘 다 충분치 못하다. 덕도 덕에 반대되는 죄로 인도하는 유혹에 저항하기 때문이다. 실상 모든 것은 본성상 자신에 반대되는 것에 저항한다. 그것은 특히 참사랑에서 명백한바, 그것에 대하여 아가(雅歌) [8장 7절]에서는 "큰물도 사랑을 끌 수 없다."고 말한다.

다른 이들은[15] 그 같은 선물들이 성경[이사야서 11장 2-3절]에서 그리스도 안에 있다고 일컬어진다는 점을 보면서, 덕들은 단적으로 좋은 행위를 지향하고, 선물들은 그것을 통해 우리가 그리스도, 특히 수난 중의 그리스도를 닮게 됨을 지향한다고 주장하였다. 그것은 그 선물들이 그리스도의 수난 안에서 특히 빛을 발하기 때문이다.—그러나 이 역시 충분한 것으로 보이지 않는다. 주님께서 우리로 하여금 겸손함과 온유함을 통해 당신을 닮을 것을 권고하시기 때문이다. 마태오복음서 11장 [29절]에서 주님은 "나는 마음이 온유하고 겸손하니 나에게 배워라."라고 말씀하신다. 또 참사랑을 통해서도 당신을 닮으라고 하신다. 요한복음서 15장 [12절]에서, "내가 너희를 사랑했던 것처럼 서로 사랑하여라."라고 말씀하시는 것이다. 그런데 이 덕들 역시 특히 그리스도 수난 안에서 빛을 발한다.

그러므로 선물들로부터 덕들을 구별하기 위해서는 성경에서 말하는 방식을 따라야 하는데, 그 방식에서는 선물들은 선물의 이름이 아니라 오히려 영의 이름으로 제시된다. 그래서 이사야서 11장 [2-3절]에서는 "그 위에 지혜와 통찰의 영이 머무른다."고 말하는데, 그와 같은 말씀으로부터 우리는 일곱 은사가 신적 영감을 통해 우리 안에 있는 것임을 이해할 수 있게 된다. 그런데 영감은 외부로부터

---

15. 필리푸스 총장. Cf. O. Lottin, OSB, *op. cit.*, p.80.

motionem ab exteriori. Est enim considerandum quod in homine est duplex principium movens, unum quidem interius, quod est ratio; aliud autem exterius, quod est Deus, ut supra[16] dictum est; et etiam Philosophus hoc dicit, in cap. *de Bona Fortuna*.[17]

Manifestum est autem quod omne quod movetur, necesse est proportionatum esse motori, et haec est perfectio mobilis inquantum est mobile, dispositio qua disponitur ad hoc quod bene moveatur a suo motore. Quanto igitur movens est altior, tanto necesse est quod mobile perfectiori dispositione ei proportionetur, sicut videmus quod perfectius oportet esse discipulum dispositum, ad hoc quod altiorem doctrinam capiat a docente. Manifestum est autem quod virtutes humanae perficiunt hominem secundum quod homo natus est moveri per rationem in his quae interius vel exterius agit. Oportet igitur inesse homini altiores perfectiones, secundum quas sit dispositus ad hoc quod divinitus moveatur. Et istae perfectiones vocantur dona, non solum quia infunduntur a Deo; sed quia secundum ea homo disponitur ut efficiatur prompte mobilis ab inspiratione divina, sicut dicitur Isaiae 50, [5]: *Dominus aperuit mihi aurem; ego autem non contradico, retrorsum non abii*. Et Philosophus etiam dicit, in cap. *de Bona Fortuna*,[18] quod his qui moventur per instinctum divinum, non expedit consiliari secundum rationem humanam, sed quod sequantur

---

16. q.9, aa.4 & 6.
17. *Ethica Eudemia*, VII, c.14, 1248a14-29. Cf. Th. Deman, OP, "Le 'Liber de bona

의 어떤 움직임을 지칭한다. 그런데 인간에게는 두 가지 움직임의 원리가 있다. 하나는 내적인 것으로 이성이고, 다른 하나는 외적인 것으로 하느님이다. 이는 위에서 언급된 것이고[16] 철학자도 『행운론』(幸運論)에서[17] 말한 것이다. 그리고 모든 움직여지는 것은 움직이는 것에 필연적으로 비례하는 것이 명백하다. 그러므로 움직여질 수 있는 것의 움직여질 수 있는 것으로서의 완전성은, 움직이는 것에 의하여 잘 움직여지는 상태에 있다. 그러므로 움직이는 것이 더 상위에 있는 것일수록, 움직여지는 주체는 이에 비례하여 더 완전하게 움직여질 수 있는 상태에 있어야 한다. 그래서 우리가 볼 수 있듯이, 학생이 선생으로부터 더 높은 수준의 이론을 전수(傳受)받기 위해서는 더 완전하게 준비된 상태에 있어야 하는 것이다. 그런데, 인간의 덕이 인간으로 하여금 자신의 내적, 외적 행위에서 본성적으로 이성을 통해서 움직여지게끔 인간을 완성하는 것은 부인할 수 없는 사실이다. 그러므로 인간에게는, 그를 하느님에 의하여 움직여질 수 있는 상태로 준비시키는 더 높은 완전함이 있어야 하는데, 이 같은 완전함이 선물이라 불린다. 이는 단지 선물이 하느님께로부터 주입되기 때문만이 아니라, 인간이 선물을 통해 신적인 영감으로 기꺼이 움직여질 수 있게 되기 때문이다. 그래서 이사야서 50장 [5절]에서는 "주 하느님께서 내 귀를 열어 주시니 나는 거역하지도 않고 뒤로 물러서지도 않았다."고 말한다. 그리고 철학자는 『에우데모스 윤리학』에서,[18] 신적인 충동(instinctus divinus)을 통해 움직여지는 이들에게는 인간의 이성을 통해 조언 받는 것이 필요하지 않으며, 인간의 이성보다 더 좋은

---

fortuna' dans la theologie de saint Thomas d'Aquin", in *Revue des sciences phil. et theol.*, 17(1928), pp.38-58.
18. Loc. cit., 1248a32-36.

q.68, a.1

interiorem instinctum, quia moventur a meliori principio quam sit ratio humana.—Et hoc est quod quidam dicunt,[19] quod dona perficiunt hominem ad altiores actus quam sint actus virtutum.

AD PRIMUM ergo dicendum quod huiusmodi dona nominantur quandoque virtutes, secundum communem rationem virtutis. Habent tamen aliquid supereminens rationi communi virtutis, inquantum sunt quaedam divinae virtutes, perficientes hominem inquantum est a Deo motus. Unde et Philosophus, in VII *Ethic.*,[20] supra virtutem communem ponit quandam virtutem *heroicam* vel *divinam*,[21] secundum quam dicuntur aliqui *divini viri*.

AD SECUNDUM dicendum quod vitia, inquantum sunt contra bonum rationis, contrariantur virtutibus, inquantum autem sunt contra divinum instinctum, contrariantur donis. Idem enim contrariatur Deo et rationi, cuius lumen a Deo derivatur.

AD TERTIUM dicendum quod definitio illa datur de virtute secundum communem modum virtutis. Unde si volumus definitionem restringere ad virtutes prout distinguuntur a donis, dicemus quod hoc quod dicitur, *qua recte vivitur*, intelligendum est de rectitudine vitae quae accipitur secundum regulam rationis.—

---

19. "이 '어떤 이들'에는 필리푸스 총장, 알베르투스 마뉴스, 보나벤투라 등이 각자의 해석과 더불어 포함되는데, 마지막으로는 『명제집』 주해자(*In Sent.*, III, d.34, q.1, a.1)로서의 성 토마스 자신도 포함된다. 토마스 자신이 증언하듯이, 비록 다양한 측면들이 고찰되고 있음에도 불구하고 여기서와 주해서에서 제시되는 가르침은 동일하다. 이에 대한 해석의 논쟁을 보기 위해서는: Cf. J. De Guibert,

원리로부터 움직여지기 때문에 내적인 격려(interior instinctus)를 따른다고 말한다.—이것이 바로 선물이 덕의 행위보다 더 높은 행위로 인간을 완성시킨다고 말하는 이들[19]이 제시하는 근거이다.

[해답] 1. 그러한 선물들은 때로 일반적인 의미에서 덕이라고 불리기도 한다. 하지만 이들은 일반적인 의미의 덕보다 더 탁월한 면을 갖는다. 그것들이 신적인 덕들이고 인간을 하느님으로부터 움직여지도록 완성하기 때문이다. 그러므로 철학자는 『니코마코스 윤리학』 제7권에서,[20] 일반적인 덕 위에 "영웅적"이거나 "신적"인[21] 어떤 덕을 상정한다. 그 덕에 따라 어떤 이들은 신적인 사람들이라 불린다.

2. 악습들은 이성의 선에 반대되는 한에서 덕들에 대립된다. 그러나 이들이 신적인 격려(divinus instinctus)에 반대되는 한에서는 선물들에 대립된다. 이성의 빛은 하느님으로부터 나오므로, 하느님에게 대립되는 것은 이성에도 대립되는 것이다.

3. 덕에 대한 이 정의는 일반적 의미의 덕에 대한 것이다. 그러므로 만일 우리가 정의를 선물들로부터 구별되는 덕으로 제한하고자 한다면, "그것에 의하여 옳게 사는 그런 것"(qua recte vivitur)이라는 표현을 이성의 척도에 따라 사는 삶의 올곧음으로 이해할 수 있다.—

"Dons du Saint-Esprit et mode d'agir 'ultra-humain' d'apres saint Thomas", in *Revue d'Ascetique et Mystique*, t.III, 1922, pp.394-411; ID., *Les doublets de saint Thomas d'Aquin*, Paris, 1926, pp.100-126; R. Garrigou-Lagrange, "Le mode supra-huamin de dons du Saint-Esprit", *La Vie spirituelle*, t.VIII, 1922, pp.124-136; ID., *Perfection chretienne et contemplation*, t.II, Paris, 1923, pp.52-64." G.-M., Csertö, OP, *op. cit.*, p.202.

20. c.1, 1145a20-25; S. Thomas, lect.1, n.1300.
21. Cf. II-II, q.159, a.2, ad1; q.188, a.8, ad5; III, q.7, a.2, ad2.

Similiter autem donum, prout distinguitur a virtute infusa, potest dici id quod datur a Deo in ordine ad motionem ipsius; quod scilicet facit hominem bene sequentem suos instinctus.

AD QUARTUM dicendum quod sapientia dicitur intellectualis virtus, secundum quod procedit ex iudicio rationis, dicitur autem donum, secundum quod operatur ex instinctu divino. Et similiter dicendum est de aliis.

Articulus 2
Utrum dona sint necessaria homini ad salutem

Ad secundum sic proceditur. Videtur quod dona non sint necessaria homini ad salutem.

1. Dona enim ordinantur ad quandam perfectionem ultra communem perfectionem virtutis. Non autem est homini necessarium ad salutem ut huiusmodi perfectionem consequatur, quae est ultra communem statum virtutis, quia huiusmodi perfectio non cadit sub praecepto, sed sub consilio. Ergo dona non sunt necessaria homini ad salutem.

2. Praeterea, ad salutem hominis sufficit quod homo se bene habeat et circa divina et circa humana. Sed per virtutes theologicas homo se habet bene circa divina; per virtutes autem morales, circa humana. Ergo dona non sunt homini necessaria ad salutem.

마찬가지로 주입된 덕과 구별되는 의미에서의 선물은, 하느님께로부터 인간에게 당신의 움직이심과 관련하여 주어지는 것이라고 말할 수 있다. 그것은 인간으로 하여금 하느님의 격려를 잘 따르도록 만든다.

4. 지혜는 그것이 이성적인 판단으로부터 전개될 경우에는 지성적인 덕이라 불린다. 그런데 하느님의 격려로부터 활동할 경우에는 선물이라 불린다. 이는 다른 덕들의 경우들에서도 마찬가지이다.

제2절: 선물들은 구원을 위해 인간에게 필수적인가?

[반론] 둘째에 대해서는 다음과 같이 진행된다. 선물들은 구원을 위해 인간에게 필수적이지 않은 것으로 보인다.

1. 선물들은 덕들의 일반적인 완전성을 넘어서는 어떤 완전성을 지향한다. 그런데 인간의 구원에 덕의 일반적인 상태를 넘어서는 그와 같은 방식의 완전성에 도달하는 것은 필수적이지 않다. 그와 같은 방식의 완전성은 계명(praeceptum)이 아니라 권고(consilium)에 속하기 때문이다. 그러므로 선물들은 구원을 위해 인간에게 필수적이지 않다.

2. 인간의 구원을 위해서는 하느님에 관련된 것이나 인간에 관련된 것들에 잘 대처하는 것으로 충분하다. 그런데 인간은 대신덕(對神德, virtutes theologiae)을 통해 하느님과 관련된 것에 잘 대처하고, 윤리덕들(virtutes morales)을 통해서는 인간에 관련된 것에 잘 대처할 수 있다. 그러므로 선물들은 구원을 위해 인간에게 필수적이지 않다.

3. Praeterea, Gregorius dicit, in II *Moral.*,[1] quod *Spiritus Sanctus dat sapientiam contra stultitiam, intellectum contra hebetudinem, consilium contra praecipitationem, fortitudinem contra timorem, scientiam contra ignorantiam, pietatem contra duritiam, timorem contra superbiam.* Sed sufficiens remedium potest adhiberi ad omnia ista tollenda per virtutes. Ergo dona non sunt necessaria homini ad salutem.

SED CONTRA, inter dona summum videtur esse sapientia, infimum autem timor. Utrumque autem horum necessarium est ad salutem, quia de sapientia dicitur, *Sap.* 7, [28]: *Neminem diligit Deus nisi eum qui cum sapientia inhabitat*; et de timore dicitur, *Eccli.* 1, [28]: *Qui sine timore est, non poterit iustificari.* Ergo etiam alia dona media sunt necessaria ad salutem.[2]

RESPONDEO dicendum quod, sicut dictum est,[3] dona sunt quaedam hominis perfectiones, quibus homo disponitur ad hoc quod bene sequatur instinctum divinum. Unde in his in quibus non sufficit instinctus rationis, sed est necessarius Spiritus Sancti instinctus, per consequens est necessarium donum.[4]

Ratio autem hominis est perfecta dupliciter a Deo, primo quidem, naturali perfectione, scilicet secundum lumen naturale

---

1. c.49: PL 75, 592D-593A.
2. Cf. F.-D. Joret, OP, *La contemplazione mistica secondo S. Tommaso d'Aquino*, tr. Nivoli,

3. 그레고리우스는 『욥기의 도덕적 해설』 제2권에서,[1] "성령께서는 어리석음에 반하여 지혜를, 우둔함에 반하여 통찰을, 경솔함에 반하여 의견을, 두려움에 반하여 용기를, 무지에 반하여 지식(scientia)을, 완고함에 반하여 효경을, 교만함에 반하여 두려움을 주셨다."고 말한다. 하지만 이들을 제거하기 위해서는 덕들만으로도 충분하다. 그러므로 선물들은 구원을 위해 인간에게 필수적이지 않다.

[재반론] 그러나 반대로 선물들 중 최고는 지혜이고 최저는 두려움이다. 그런데 양자 모두 구원을 위해 필수적이다. 지혜에 대해서는 지혜서 7장 [28절]에서 "하느님께서는 지혜와 함께 사는 사람만 사랑하신다."고 말하고, 두려움에 대해서는 집회서 1장 [28절]에서 "누구도 두려움이 없이는 의롭게 될 수 없다."고 말하기 때문이다. 그러므로 중간의 다른 선물들도 구원을 위해 필수적이다.[2]

[답변] 이미 앞에서 언급된 것처럼[3] 선물은 그로써 인간이 신적인 격려를 잘 따르도록 자신을 추동(推動)해 나가게 되는 인간의 완전성이다. 그러므로 이성의 충동으로는 충분치 않은 부문에서는 성령의 격려가 필요하고, 결과적으로 선물이 필요하다.[4]

인간의 이성은 두 가지 방식으로 하느님께로부터 완전성을 부여 받는다. 그 첫째는 자연적인 완전성으로, 자연적인 이성의 빛에 의

Torino, 1942, c.2, sect.1(pp.41-54): 성령의 선물들에 관한 성경의 두드러진 텍스트들을 다루고 있다.
3. a.1.
4. "성 토마스의 논거 전체는 널리 적용된다. 현세에서 구원을 얻기 위한 선물들의 필요는 특수한 조력은총의 필요에 관한 문제로 환원된다." G.-M., Csertö, OP, *op. cit.*, p.203. Cf. q.6, a.6, ad3; q.109, a.2; q.111, a.2; etiam q.26, a.3, ad4 et notam ibid.

rationis; alio modo, quadam supernaturali perfectione, per virtutes theologicas, ut dictum est supra.⁵ Et quamvis haec secunda perfectio sit maior quam prima, tamen prima perfectiori modo habetur ab homine quam secunda, nam prima habetur ab homine quasi plena possessio, secunda autem habetur quasi imperfecta; imperfecte enim diligimus et cognoscimus Deum.⁶ Manifestum est autem quod unumquodque quod perfecte habet naturam vel formam aliquam aut virtutem, potest per se secundum illam operari, non tamen exclusa operatione Dei, qui in omni natura et voluntate interius operatur.⁷ Sed id quod imperfecte habet naturam aliquam vel formam aut virtutem, non potest per se operari, nisi ab altero moveatur. Sicut sol, quia est perfecte lucidus, per seipsum potest illuminare, luna autem, in qua est imperfecte natura lucis, non illuminat nisi illuminata. Medicus etiam, qui perfecte novit artem medicinae, potest per se operari, sed discipulus eius, qui nondum est plene instructus, non potest per se operari, nisi ab eo instruatur.

Sic igitur quantum ad ea quae subsunt humanae rationi, in ordine scilicet ad finem connaturalem homini, homo potest operari per iudicium rationis. Si tamen etiam in hoc homo adiuvetur a Deo per specialem instinctum, hoc erit superabundantis bonitatis, unde secundum philosophos,⁸

---

5. q.62, a.1.
6. Cf. q.67, aa.3, 5 & 6.

해 이루어진다. 둘째는 초자연적인 완전성으로, 이는 위에서 이미 언급한 바와 같이[5] 대신덕(對神德, virtutes theologiae)을 통하여 이루어진다. 그런데 비록 이 둘째 완전성이 첫째 완전성보다 더 크다 할지라도, 인간에 의해서는 첫째 완전성이 둘째 완전성보다는 더 완전한 방식으로 소유된다. 인간은 첫째 완전성을 완전하게 소유하지만, 둘째 완전성은 불완전하게 소유하기 때문이다. 우리는 불완전하게 하느님을 사랑하고 인식한다.[6] 그런데, 어떤 본성 혹은 형상 혹은 힘을 완전하게 소유한 것은 그 자체로(per se) 그런 본성, 형상, 힘에 의하여 작용할 수 있다. 그러나 여기서 모든 본성과 의지 안에서 내적으로 활동하시는 하느님의 작용을 배제할 수는 없다.[7] 반면 어떤 본성 혹은 형상 혹은 힘을 불완전하게 소유한 것은 외부로부터 움직여지지 않으면 그 자체로(per se) 작용할 수 없다. 그래서 완전하게 빛을 소유한 태양은 그 자체로 빛을 발할 수 있고, 빛의 본성을 불완전하게 소유한 달은 빛을 받지 않으면 빛을 발할 수 없는 것이다. 의술을 완전하게 아는 의사는 스스로 행할 수 있다. 그러나 충분히 교육받지 못한 학생은 의사로부터 지시를 받지 않으면 스스로 행할 수 없다.

그러므로 이처럼 인간의 이성에 종속된 일들에서, 곧 인간이 자신의 본성에 부합하는 목적을 지향하는 데에서, 인간은 이성의 판단을 통해 행위 할 수 있다. 그러나 여기서 인간이 하느님의 특별한 충동을 통해 도움을 받는다면, 그것은 그분의 풍성하기 이를 데 없는 선성에서 비롯된 것이다. 그러므로 철학자들에 따르면[8] 습득된 윤리덕을 지닌 모든 사람이 영웅적이거나 신적인 덕들을 가진 것은 아니

---

7. Cf. I, q.105, aa.5-6; I-II, q.9, a.6.
8. Cf. Aristoteles, *Ethic.*, VII, c.1, 1145a20-25; S. Thomas, lect.1, n.1300.

non quicumque habebat virtutes morales acquisitas, habebat virtutes heroicas vel divinas.—Sed in ordine ad finem ultimum supernaturalem, ad quem ratio movet secundum quod est aliqualiter et imperfecte formata per virtutes theologicas, non sufficit ipsa motio rationis, nisi desuper adsit instinctus et motio Spiritus Sancti, secundum illud *Rom.* 8, [14-27]: *Qui Spiritu Dei aguntur, hi filii Dei sunt; et si filii, et haeredes,*[9] et in Psalmo 142, [10] dicitur: *Spiritus tuus bonus deducet me in terram rectam*; quia scilicet in haereditatem illius terrae beatorum nullus potest pervenire, nisi moveatur et deducatur a Spiritu Sancto. Et ideo ad illum finem consequendum, necessarium est homini habere donum Spiritus Sancti.

AD PRIMUM ergo dicendum quod dona excedunt communem perfectionem virtutum, non quantum ad genus operum, eo modo quo consilia excedunt praecepta, sed quantum ad modum operandi, secundum quod movetur homo ab altiori principio.[10]

AD SECUNDUM dicendum[11] quod per virtutes theologicas et morales non ita perficitur homo in ordine ad ultimum finem, quin semper indigeat moveri quodam superiori instinctu Spiritus Sancti, ratione iam dicta.

AD TERTIUM dicendum quod rationi humanae non sunt omnia cognita, neque omnia possibilia, sive accipiatur ut perfecta

---

9. 불가타역: "Quicumque enim Spiritu Dei aguntur, hi filii Dei sunt. Si autem filii, et

다.—그러나 초자연적인 궁극목적을 향하는 데에서는, 이성은 어느 정도 그리고 불완전하게 대신덕을 통해 형성되는 한에서 움직이며, 성령의 격려와 움직임이 없다면 이성의 움직임 자체만으로는 충분치 못하다. 그래서 로마서 8장 [14-17절]에서는 "하느님의 영의 인도를 받는 사람들은 하느님의 자녀입니다. 자녀이면 상속자이기도 합니다."[9]라고 말한다. 그리고 시편 [142(141)편 10절]에서는 "당신의 선한 영이 저를 바른 땅으로 인도하게 하소서."라고 말한다. 성령으로부터 움직여지고 이끌려지지 않고서는 아무도 그 같은 복된 이들의 땅을 상속받을 수 없기 때문이다. 그러므로 그 같은 초자연적인 궁극목적에 이르기 위해서는 인간에게는 성령의 선물을 갖는 것이 반드시 필요하다.

[해답] 1. 선물은 행위의 종류와 관련하여, 다시 말하면 권고가 계명을 넘어서는 그런 방식으로 일반적인 덕의 완전성을 넘어서는 것이 아니다. 오히려 그것은 인간이 행동하는 양태와 관련하여, 곧 더 높은 원리에 의하여 움직여진다는 점에서 덕의 완전성을 넘어선다.[10]

2. 이미 언급된 것처럼,[11] 대신덕과 윤리덕은 인간이 더 이상 상위에 있는 성령의 격려에 의해 움직여질 필요가 없을 정도로 인간을 궁극목적과 관련하여 완전하게 완성시키지 못한다.

3. 인간의 이성이 자연적인 완성에 의해 혹은 대신덕에 의해 완전하게 되었다고 하더라도, 그 이성에 모든 것이 알려져 있는 것도 아

---

heredes."
10. Cf. a.1, ad1.
11. 본론.

perfectione naturali, sive accipiatur ut perfecta theologicis virtutibus. Unde non potest quantum ad omnia repellere stultitiam, et alia huiusmodi, de quibus ibi fit mentio. Sed Deus cuius scientiae et potestati omnia subsunt, sua motione ab omni stultitia et ignorantia et hebetudine et duritia et ceteris huiusmodi, nos tutos reddit. Et ideo dona Spiritus Sancti, quae faciunt nos bene sequentes instinctum ipsius, dicuntur contra huiusmodi defectus dari.

Articulus 3

Utrum dona Spiritus Sancti sint habitus

Ad tertium sic proceditur. Videtur quod dona Spiritus Sancti non sint habitus.

1. Habitus enim est qualitas in homine manens, est enim *qualitas difficile mobilis*, ut dicitur in *Praedicamentis*.[1] Sed proprium Christi est quod dona Spiritus Sancti in eo requiescant, ut dicitur Isaiae 11, [2-3]. Et Ioan. 1, [33] dicitur: *Super quem videris Spiritum descendentem, et manentem super eum, hic est qui baptizat*: quod exponens Gregorius, in II *Moral.*,[2] dicit: *In cunctis fidelibus Spiritus Sanctus venit; sed in solo mediatore*

---

1. c.8, 8b30.

니고 모든 것이 가능한 것도 아니다. 그러므로 인간의 이성은 모든 것과 관련하여 어리석음, 그리고 기타 반론에서 언급된 이와 유사한 다른 것들을 피할 수 없다. 그러나 당신의 앎과 능력에 모든 것이 종속되어 있는 하느님께서는 당신이 친히 움직이심으로써 우리를 무지, 어리석음, 우둔함, 완고함 그리고 그와 유사한 것들로부터 안전하게 지켜 주신다. 그러므로 우리로 하여금 성령의 충동(instinctus Spiritus Sancti)을 잘 따르도록 만드는 성령의 선물들은 이 결함들에 맞서도록 주어진다고 일컬어진다.

제3절: 성령의 선물은 습성인가?

[반론] 셋째에 대해서는 다음과 같이 진행된다. 성령의 선물은 습성이 아닌 것으로 보인다.

1. 습성은 인간 안에 머무르는 특성이다. 습성은 『범주론』에서[1] 언급된 것처럼 "제거되기 어려운 특성"이기 때문이다. 그런데 그리스도의 고유함은 이사야서 11장 [2-3절]의 말씀처럼 그분께 성령의 선물들이 내주한다는 것이다. 요한복음서 1장 [33절]에서는, "성령이 내려와 어떤 분 위에 머무르는 것을 네가 볼 터인데, 바로 그분이 성령으로 세례를 주시는 분이다."라고 말한다. 그레고리우스는 『욥기의 도덕적 해설』 제2권에서 이것을 해석하여 이렇게 말한다.[2] "신앙이 있는 모든 사람들에게 성령은 오신다. 그러나 중개자께는 유일한 방

---

2. c.56: PL 75, 598 B.

semper singulariter permanet. Ergo dona Spiritus Sancti non sunt habitus.

2. Praeterea, dona Spiritus Sancti perficiunt hominem secundum quod agitur a Spiritu Dei, sicut dictum est.[3] Sed inquantum homo agitur a Spiritu Dei, se habet quodammodo ut instrumentum respectu eius. Non autem convenit ut instrumentum perficiatur per habitum, sed principale agens. Ergo dona Spiritus Sancti non sunt habitus.

3. Praeterea, sicut dona Spiritus Sancti sunt ex inspiratione divina, ita et donum prophetiae. Sed prophetia non est habitus: *non* enim *semper spiritus prophetiae adest prophetis*, ut Gregorius dicit, in I Homilia Ezechielis.[4] Ergo neque etiam dona Spiritus Sancti sunt habitus.

SED CONTRA est quod Dominus dicit discipulis, de Spiritu Sancto loquens, Ioan. 14, [17]: *Apud vos manebit, et in vobis erit.* Spiritus autem Sanctus non est in hominibus absque donis eius. Ergo dona eius manent in hominibus. Ergo non solum sunt actus vel passiones, sed etiam habitus permanentes.

RESPONDEO dicendum quod, sicut dictum est,[5] dona sunt quaedam perfectiones hominis, quibus disponitur ad hoc quod homo bene sequatur instinctum Spiritus Sancti. Manifestum

---

3. aa.1-2.

식으로 성령이 언제나 머무신다." 그러므로 성령의 선물들은 습성이 아니다.

2. 이미 언급된 것처럼[3] 성령의 선물은 인간을 하느님의 영에 의해 움직여지도록 인간을 완성한다. 그런데 인간이 하느님의 성령에 의해 움직여지는 한 인간은 하느님께 그분의 도구로서 관계한다. 그런데 습성을 통해 완성된다는 것은 도구가 아니라 주요 행위자(principale agens)에게 해당된다. 그러므로 성령의 선물은 습성이 아니다.

3. 성령의 선물이 신적인 영감(靈感)으로부터 비롯되듯이, 예언의 선물도 마찬가지이다. 그런데 예언은 습성이 아니다. 그레고리우스가 『에제키엘서 강해』 제1권에서 말하듯[4] "예언의 영은 항상 예언자들 안에 머무르는 것이 아니다." 그러므로 성령의 선물도 습성이 아니다.

[재반론] 그러나 반대로 주님께서는 요한복음서 14장 [17]절에서 제자들에게 성령에 대해 언급하시며 "그분께서 너희와 함께 머무실 것이고 너희 안에 계실 것이다."라고 말씀하셨다. 그런데 성령은 자신의 선물 없이는 인간들 안에 머무르지 않으신다. 그러므로 그분의 선물들은 인간들 안에 머문다. 그러므로 그 선물들은 행위 혹은 정념에 그치는 것이 아니라 항구한 습성이다.

[답변] 앞에서 언급된 것처럼[5] 선물은 인간의 어떤 완전성으로서, 인간으로 하여금 성령의 충동을 잘 따르도록 조처(措處)한다. 위에서

---

4. *Homil. in Ezech.*, I, 1: PL 76, 788 B.
5. a.l.

est autem ex supradictis⁶ quod virtutes morales perficiunt vim appetitivam secundum quod participat aliqualiter rationem, inquantum scilicet nata est moveri per imperium rationis. Hoc igitur modo dona Spiritus Sancti se habent ad hominem in comparatione ad Spiritum Sanctum, sicut virtutes morales se habent ad vim appetitivam in comparatione ad rationem. Virtutes autem morales habitus quidam sunt, quibus vires appetitivae disponuntur ad prompte obediendum rationi. Unde et dona Spiritus Sancti sunt quidam habitus, quibus homo perficitur ad prompte obediendum Spiritui Sancto.⁷

AD PRIMUM ergo dicendum quod Gregorius ibidem⁸ solvit, dicens quod *in illis donis sine quibus ad vitam perveniri non potest, Spiritus Sanctus in electis omnibus semper manet: sed in aliis non semper manet.* Septem autem dona sunt necessaria ad salutem, ut dictum est.⁹ Unde quantum ad ea, Spiritus Sanctus semper manet in sanctis.

AD SECUNDUM dicendum quod ratio illa procedit de instrumento cuius non est agere, sed solum agi. Tale autem instrumentum non est homo; sed sic agitur a Spiritu Sancto, quod etiam agit,

---

6. q.56, a.4; q.58, a.2.
7. "『명제집 주해』에서 선물을 측정하는 신적인 척도는 가끔 단지 목적, [곧] 자신의 작용들을 통해서 그리로 기울고 따라서 신적 기동[起動, motio)을 함축하고 있는 대상이기만 한 것처럼 보인다.(Cf. *In Sent.*, III, d.35, q.2, a.2; d.34, q.1, a.2) 그런데 특히 지성적 선물들처럼 이 기동이 명백히 본능으로 간주되는 텍스트들이 없지 않다.(*In Sent.*, III, d.34, q.1, a.2; d.35. q.2, a.2, qc.1; a.3, qc.2; a.4; qc,1) 그러나

언급된 것들에서부터,[6] 욕구가 본성적으로 이성의 명령을 통하여 움직여지게 되어 있다는 점에서 어느 정도 이성에 참여한다는 한에서 윤리덕들이 욕구능력을 완성하는 것은 명백하다. 그러므로 성령의 선물이 성령과 관련하여 인간과 관계되는 것은, 윤리덕이 이성과 관련하여 욕구능력에 관계되는 것과 유사하다. 그런데 윤리덕은 일종의 습성으로서, 욕구능력이 이성에 기꺼이 복종하도록 조처한다. 그러므로 성령은 습성으로서, 인간을 성령께 기꺼이 복종하도록 완전하게 한다.[7]

[해답] 1. 그레고리우스는 같은 곳에서[8] 이렇게 말함으로써 문제를 해결한다. "그것 없이는 생명에 이를 수 없는 그런 선물들과 관련해서는, 성령께서 뽑힌 이들 안에서 항상 머무신다. 그러나 그렇지 않은 선물들과 관련해서는 항상 머무르지 않으신다." 그런데 일곱 선물은 이미 언급된 것처럼[9] 구원에 필수적이다. 그러므로 이와 관련하여 성령께서는 성인들 안에 항상 머무신다.

2. 그 근거는 행동하지 않고 단지 행동의 대상이 되기만 하는 도구의 경우에 해당한다. 그러나 인간은 그 같은 도구가 아니다. 인간은

여기 『신학대전』에서는 본능, 영감(靈感), 기동의 양태를 통한 신적인 개입이 도처에서 설명되고 있다. 지금은 참으로 선물들이 인간적 능력들에 자신의 지배력을 수행하는 성령의 도구들이다. 왜냐하면 이미 타고난 그 본성으로부터 (어떤 고등한 능력에 의해서 그러하듯이) 하느님의 충동에 의해 움직여지는 이 능력들은 선물들을 통해 이 예속에 훨씬 더 완성된다." G.-M. Csertö, OP, *op. cit*., p.203.
8. c.56: PL 75, 598 B.
9. a.2.

inquantum est liberi arbitrii.[10a] Unde indiget habitu.

AD TERTIUM dicendum quod prophetia est de donis quae sunt ad manifestationem Spiritus, non autem ad necessitatem salutis.[11] Unde non est simile.

Articulus 4
Utrum convenienter septem dona Spiritus Sancti enumerentur

Ad quartum sic proceditur. Videtur quod inconvenienter septem dona Spiritus Sancti enumerentur.

1. In illa enim enumeratione ponuntur quatuor pertinentia ad virtutes intellectuales, scilicet sapientia, intellectus, scientia et consilium, quod pertinet ad prudentiam, nihil autem ibi ponitur

---

10. Cf. q.10, a.4; q.21, a.4, ad2; q.55, a.4, ad6; q.113, aa.3-5 & 8.
 (*추가주) "도구는 두 가지 방식으로 이해될 수 있다. 하나는 고유한 의미로 이해되는 것인데, 목수가 톱을 움직일 때처럼, 기동자(起動者)가 그 운동의 어떤 원리도 그것에 주지 않는 방식으로 어떤 사물이 어떤 다른 사물을 움직일 때가 그러하다. 다른 하나는 보다 일반적인 방식으로, 어떤 다른 것에 의해서 움직여지는 한에서 움직이는[기동] 모든 것들이 다, 그것 안에 그 운동의 원리가 있는지 여부와는 상관없이, 도구라고 불린다. 이렇게 해서 자유의 특성이 도구에서 온전히 배제될 필요가 없다. 왜냐하면 어떤 것이 어떤 다른 것에 의해서 움직여짐에도 불구하고 자기 자신을 움직일 수 있기 때문이다. 바로 이렇게 인간의 정신이 작용한다." *De veritate*, q.24, a.1, ad5. 로마서 8장 14절의 내용에 관해서는 다음 사항들이 고찰되어야 한다: "사람은 어떻게 하느님의 영의 인도를 받아 행동하게 되는 것일까? '하느님의 영의 인도를 받아 행동하는 이들'이라는 뜻으로 이해할 수 있다. 곧 어떤 인도자요 지도자에게 지배를 받듯이, 우리 안에서 영이 무언가를 행하는, 다시 말해 우리가 무엇을 해야 하는지를 내적으로 조명하

자유의지를 지니고 있어,[10] 행동하면서 성령에 의해 움직여진다. 그러므로 인간에게는 습성이 필요하다.

3. 예언은 성령을 나타내는 선물들 가운데 하나이지, 구원에 필수적인 것은 아니다.[11] 그러므로 비교는 성립되지 않는다.

제4절: 성령의 일곱 선물은 적절하게 열거된 것인가?

Parall.: II-II, q.8, a.6; *In Sent.*, III, d.34, q.1, a.2; *In Isaiam*, c.11

[반론] 넷째에 대해서는 다음과 같이 진행된다. 성령의 일곱 선물은 부적절하게 열거된 것으로 보인다.

1. 그 열거 중 넷은 지성적인 덕에 속하는데 지혜, 통찰, 지식, 의견이 그것이며, 의견은 현명에 상응한다. 그러나 다섯째 지성적인 덕

는 것이다. (…) 그러나 인도를 받는 이는 스스로 작용하는 것이 아니기 때문에, 영적인 인간은 무엇을 해야 하는지 성령으로부터 가르침을 받기만 하는 것이 아니라, 또한 그의 마음도 성령에 의해서 움직여져서, '하느님의 영의 인도를 받아 행동하는 이들'이라는 구절을 훨씬 더 잘 이해할 수 있게 된다. 실상 어떤 고등한 충동에 의해서 움직여지는 것을 두고 '행동하게 된다'(agi)고 말한다. 그러므로 [엄밀하게는] 짐승들에게는 행동한다고 말하지 않고, '행동하게 된다'고 말한다. 왜냐하면 본성에 의해서 움직여지는 것이지, 스스로 움직여 행해야 할 자기활동들로 나아가는 것이 아니기 때문이다. 마찬가지로 영적인 인간도 주로 자기의지의 움직임으로부터가 아니라 성령의 충동에 의해서 행해야 할 어떤 것으로 기울어진다. 하지만 이로써 영적인 사람들이 의지와 자유 선택을 통해 작용하는 것이 배제되는 것은 아니다. 왜냐하면 필리피서 2장 13절에 따르면, 성령이 그들 안에서 의지와 자유 선택의 움직임 자체를 산출하는 것이기 때문이다. '하느님은 우리 안에서 의지를 일으키시고 완성하게도 하시는 분이십니다.'" *In ad Rom.*, c.8, lect.3, ed. Marietti, p.111, n.635. Cf. *ScG*, III, c.148; IV, c.22.

11. Cf. q.111, aa.4-5.

quod pertineat ad artem, quae est quinta virtus intellectualis.[1] Similiter etiam ponitur aliquid pertinens ad iustitiam, scilicet pietas, et aliquid pertinens ad fortitudinem, scilicet donum fortitudinis, nihil autem ponitur ibi pertinens ad temperantiam. Ergo insufficienter enumerantur dona.

2. Praeterea, pietas est pars iustitiae.[2] Sed circa fortitudinem non ponitur aliqua pars eius, sed ipsa fortitudo. Ergo non debuit poni pietas, sed ipsa iustitia.

3. Praeterea, virtutes theologicae maxime ordinant nos ad Deum.[3] Cum ergo dona perficiant hominem secundum quod movetur a Deo, videtur quod debuissent poni aliqua dona pertinentia ad theologicas virtutes.

4. Praeterea, sicut Deus timetur, ita etiam amatur, et in ipsum aliquis sperat, et de eo delectatur. Amor autem, spes et delectatio sunt passiones condivisae timori.[4] Ergo, sicut timor ponitur donum, ita et alia tria debent poni dona.

5. Praeterea, intellectui adiungitur sapientia quae regit ipsum; fortitudini autem consilium, pietati vero scientia. Ergo et timori debuit addi aliquod donum directivum. Inconvenienter ergo septem dona Spiritus Sancti enumerantur.

Sed in contrarium est auctoritas Scripturae, Isaiae 11 [2,3].[5a]

---

1. Cf. q.57, aa.2-4.

인[1] 기예(技藝)에 속하는 것은 여기에 제시되지 않았다.[1] 이와 동일하게 정의에 상응하는 것인 효경과 용기에 상응하는 용기의 선물이 제시되지만 절제에 상응하는 것은 제시되지 않았다. 그러므로 선물들은 불충분하게 열거되었다.

2. 효경은 정의의 일부이다.[2] 그러나 용기에 상응하는 것으로서는 용기의 어떤 부분이 아니라 용기 자체가 제시되었다.

3. 대신덕은 우리를 하느님께 가장 강력하게 인도한다.[3] 그런데 선물들은 인간이 하느님에 의해서 움직여지는 것에 따라 인간을 완성한다. 그러므로 대신덕에 상응하는 어떤 선물들이 제시되었어야 했다.

4. 하느님은 두려움의 대상일 뿐 아니라 또한 사랑, 희망, 쾌락의 대상이기도 하다. 그런데 사랑, 희망, 쾌락은 두려움에 대비되는 정념이다.[4] 그러므로 두려움이 선물로서 제시되듯이 다른 셋도 선물로 제시되어야만 한다.

5. 통찰에는 통찰을 다스리는 지혜가 연결되고, 용기에는 의견이, 효경에는 지식이 연결된다. 그러므로 두려움에도 그것을 지도하는 선물이 부가되었어야 했다. 그러므로 성령의 일곱 선물은 부적절하게 열거되었다.

[재반론] 그러나 반대로 이는 성경, 이사야서 11장 [2, 3절]의 권위에 반대되는 것이다.[5]

---

2. Cf. II-II, q.80, a.1.
3. Cf. q.62, a.1.
4. Cf. q.23, a.4.
5. "그에게 주님의 영이 머무르리니 지혜(sapientia)와 슬기(intellectus)의 영, 경륜(consilium)과 용맹(fortitudo)의 영, 지식(scientia)의 영과 주님을 공경함(pietas)이

q.68, a.4

Respondeo dicendum quod, sicut dictum est,[6] dona sunt quidam habitus perficientes hominem ad hoc quod prompte sequatur instinctum Spiritus Sancti, sicut virtutes morales perficiunt vires appetitivas ad obediendum rationi. Sicut autem vires appetitivae natae sunt moveri per imperium rationis, ita omnes vires humanae natae sunt moveri per instinctum Dei, sicut a quadam superiori potentia. Et ideo in omnibus viribus hominis quae possunt esse principia humanorum actuum, sicut sunt virtutes, ita etiam sunt dona, scilicet in ratione, et in vi appetitiva.

Ratio autem est speculativa et practica,[7] et in utraque consideratur apprehensio veritatis, quae pertinet ad inventionem; et iudicium de veritate.[8] Ad apprehensionem igitur veritatis, perficitur speculativa ratio per intellectum; practica vero per consilium. Ad recte autem iudicandum, speculativa quidem per sapientiam, practica vero per scientiam perficitur.—Appetitiva autem virtus, in his quidem quae sunt ad alterum, perficitur per pietatem. In his autem quae sunt ad seipsum, perficitur per fortitudinem contra terrorem periculorum, contra concupiscentiam vero inordinatam delectabilium, per timorem, secundum illud *Proverb.* 15, [27]: *Per timorem Domini declinat omnis a malo*; et in Psalmo 118, [120]: *Confige timore tuo carnes meas, a iudiciis enim tuis timui.* Et sic

---

다. 그는 주님을 두려워함(timor)으로 흐뭇해하리라."(Isa. 11,3) Cf. *In Isa.*, c.11, D. Thomas, *Opera*, t.II, Venetiis, 1745, pp.64b-65a. 성령의 선물의 수에 관해서는: Cf. G. Girotti, OP, *Il libro di Isaia*, Torino, 1942, pp.275-279. 그리고 성령의 선물을 종

제68문 제4절

[답변] 앞에서 언급된 것처럼[6] 성령의 은사는 기꺼이 성령의 충동을 따르게끔 인간을 완성시키는 습성이다. 이는 마치 윤리덕이 욕구능력을 이성에 복종하게끔 완성시키는 것과 같다. 그런데 욕구능력이 본성적으로 이성의 명령을 통해 움직여지듯이, 인간의 모든 힘은 본성적으로 더 높은 능력인 성령의 충동을 통해 움직여진다. 그러므로 덕이나 선물들은 인간적 행위의 원리가 될 수 있는 인간의 모든 능력 안에, 곧 이성과 욕구 안에 있을 수 있다.

그런데 이성에는 사변적 이성이 있고 실천 이성이 있다.[7] 이 양 부문에서, (발견에 속하는 것인) 진리의 파악이 있고, 또한 진리에 대한 판단이 있다.[8] 그에 따라, 진리를 파악하기 위해서는 사변적 이성은 '통찰'(intellectus)을 통해 완성되고, 실천 이성은 '의견'(consilium)을 통해 완성된다. 한편 올바른 판단을 위해서는 사변적 이성은 '지혜'를 통해 완성되고, 실천 이성은 '지식'을 통해 완성된다.―그리고 욕구능력은 다른 사람과의 관계와 관련된 부문에서는 '효경'을 통해 완성되고, 자신과 관련된 부문에서 위험에 대한 두려움에 대항해서는 '굳셈'을 통해 완성되고, 쾌락에 대한 무질서한 욕망에 대항해서는 '두려움'을 통해 완성된다. 그래서 잠언 15장 [27절]에서는 "주님에 대한 두려움을 통해 모든 이는 악으로부터 멀어진다."고 말하고, 시편 119(118)편 [120절]에서는 "당신이 무서워 제 살이 떨리며, 당신의 심판대 앞에서 두려움을 느낍니다."라고 말한다. 그러므로 이들

적으로 일곱 가지로 보는 교부들의 가르침에 관해서는: Cf. A. Gardeil, OP, "Dons du Saint-Esprit", in *Dict. de Theol. Cathol.*, t.IV, coll.1754-1766.
6. a.3.
7. Cf. I, q.79, a.11.
8. 발견과 판단에 관하여: Cf. I, q.79, a.8.

patet quod haec dona extendunt se ad omnia ad quae se extendunt virtutes tam intellectuales quam morales.

AD PRIMUM ergo dicendum quod dona Spiritus Sancti perficiunt hominem in his quae pertinent ad bene vivendum:[9] ad quae non ordinatur ars, sed ad exteriora factibilia; est enim ars ratio recta non agibilium, sed factibilium, ut dicitur in VI *Ethic.*[10] Potest tamen dici quod, quantum ad infusionem donorum, ars pertinet ad Spiritum Sanctum, qui est principaliter movens; non autem ad homines, qui sunt quaedam organa eius dum ab eo moventur. Temperantiae autem respondet quodammodo donum timoris.[11] Sicut enim ad virtutem temperantiae pertinet, secundum eius propriam rationem, ut aliquis recedat a delectationibus pravis propter bonum rationis; ita ad donum timoris pertinet quod aliquis recedat a delectationibus pravis propter Dei timorem.

AD SECUNDUM dicendum quod nomen iustitiae imponitur a rectitudine rationis, et ideo nomen virtutis est convenientius quam nomen doni. Sed nomen pietatis importat reverentiam quam habemus ad patrem et ad patriam.[12] Et quia pater omnium Deus est, etiam cultus Dei pietas nominatur; ut Augustinus dicit, X *de Civ. Dei.*[13] Et ideo convenienter donum quo aliquis propter

---

9. Cf. q.57, aa.4-5.
10. c.4, 1149a10 & 17; S. Thomas, lect.3, nn.1153 & 1158.

선물들은 지성적인 덕과 윤리덕이 미치는 모든 것에까지 미침이 명백하다.

[해답] 1. 성령의 선물들은 인간을 잘 사는 것에 속하는 것과 관련하여 완성한다.[9] 기예는 그것보다는 제작되는 외적인 것들을 지향한다. 『니코마코스 윤리학』 제6권에서 언급된 것처럼[10] 기예는 이루어져야 할 행위가 아니라 제작되어야 할 사물과 관련된 올바른 이성이기 때문이다. 그러나 선물들의 주입(注入, infusio donorum)과 관련하여, 기예는 주된 행위자인 성령께 속한다고 말할 수 있다. 인간들은 성령에 의해 움직여질 때 성령의 기관(organa)일 뿐이기에, 기예가 인간에게 속한다고 언급될 수는 없다. 절제에 어느 정도 상응하는 것은 두려움의 선물이다.[11] 이성의 선을 위하여 잘못된 쾌락을 멀리하는 것이 고유한 의미에서 절제에 속하듯이, 하느님에 대한 두려움으로 그릇된 쾌락을 멀리하는 것이 두려움에 속하기 때문이다.

2. 정의(正義)라는 명칭은 이성의 올곧음(rectitudo rationis)에서 비롯되었다. 그러므로 그것은 선물이라기보다는 덕이라고 부르는 것이 더 적합하다. 그런데 효경이라는 명칭은 아버지와 조국에 대해 우리가 갖고 있는 존경을 지칭한다.[12] 그러므로 하느님에 대한 예배도 효경이라 불린다.[13] 아우구스티누스가 『신국론』 제10권에서 말한 것처럼 하느님은 모든 존재의 아버지이시기에 그러한 것이다. 그러므로

---

11. Cf. II-II, q.141, a.1, ad3.
12. Cf. II-II, q.101, a.3.
13. c.1: PL 41, 279. Cf. II-II, q.121, a.1.

reverentiam Dei bonum operatur ad omnes, pietas nominatur.

AD TERTIUM dicendum quod animus hominis non movetur a Spiritu Sancto, nisi ei secundum aliquem modum uniatur, sicut instrumentum non movetur ab artifice nisi per contactum, aut per aliquam aliam unionem. Prima autem unio hominis est per fidem, spem et caritatem.[14] Unde istae virtutes praesupponuntur ad dona, sicut radices quaedam donorum. Unde omnia dona pertinent ad has tres virtutes, sicut quaedam derivationes praedictarum virtutum.

AD QUARTUM dicendum quod amor et spes et delectatio habent bonum pro obiecto. Summum autem bonum Deus est, unde nomina harum passionum transferuntur ad virtutes theologicas, quibus anima coniungitur Deo. Timoris autem obiectum est malum, quod Deo nullo modo competit, unde non importat coniunctionem ad Deum, sed magis recessum ab aliquibus rebus propter reverentiam Dei. Et ideo non est nomen virtutis theologicae, sed doni, quod eminentius retrahit a malis quam virtus moralis.[15]

AD QUINTUM dicendum quod per sapientiam dirigitur et hominis intellectus, et hominis affectus. Et ideo ponuntur duo correspondentia sapientiae tanquam directivo, ex parte quidem intellectus, donum intellectus; ex parte autem affectus, donum timoris. Ratio enim timendi Deum praecipue sumitur ex consideratione excellentiae divinae, quam considerat sapientia.[16]

인간이 하느님에 대한 존경으로 선을 행하게 하는 선물이 효경이라고 불리는 것은 합당하다.

3. 인간의 마음(animus)은 그 어떤 방식으로든 성령과 결합되어 있어야 성령에 의하여 움직여진다. 이는 도구가 접촉이나 그 밖의 다른 어떤 결합을 통하지 않으면 장인(匠人)에 의해 움직여질 수 없는 것과 같다. 그런데 인간 편에서의 첫째 결합은 믿음, 희망, 참사랑을 통해서 이루어진다.[14] 그러므로 이 덕들은 선물들의 근본으로서 선물에 전제된다. 그러므로 모든 선물들은 이 세 덕에서 나오는 것으로서 그 세 덕에 속한다.

4. 사랑과 희망과 쾌락은 선을 그 대상으로 한다. 그런데 최고의 선은 하느님이시다. 그러므로 이 정념들의 명칭은 인간을 하느님과 결합시키는 대신덕들로 전이된다. 반면 두려움의 대상은 악인데, 그것은 결코 하느님께 귀속될 수 없다. 그러므로 두려움은 하느님과의 결합을 의미하지 않고, 오히려 하느님께 대한 존경 때문에 어떤 것들을 마다함을 의미한다. 그러므로 두려움은 대신덕을 지칭하지 않고, 윤리덕보다 더 인간을 악에서 멀어지게 하는 선물을 지칭한다.[15]

5. 지혜를 통하여 인간의 지성도 인간의 감정(affectus)도 지도를 받는다. 그러므로 지도하는 원리인 지혜에 상응하는 선물은 두 가지이다. 지성 편에서는 통찰의 선물(donum intellectus)이고 감정 편에서는 두려움의 선물이다. 하느님에 대한 두려움의 주된 동기는 하느님의 탁월함에 대한 고려인데, 그것은 지혜의 고려 대상이다.[16]

---

14. Cf. a.8, c & ad2.
15. Cf. a.8, c.
16. Cf. II-II, q.19, a.7; q.45, a.1, ad3.

Articulus 5

Utrum dona Spiritus Sancti sint connexa

Ad quintum sic proceditur. Videtur quod dona non sint connexa.

1. Dicit enim Apostolus, I *ad Cor.* 12, [8]: *Alii datur per Spiritum sermo sapientiae, alii sermo scientiae secundum eundem Spiritum.* Sed sapientia et scientia inter dona Spiritus Sancti computantur. Ergo dona Spiritus Sancti dantur diversis, et non connectuntur sibi invicem in eodem.

2. Praeterea, Augustinus dicit, in XIV *de Trin.*,[1] quod *scientia non pollent fideles plurimi, quamvis polleant ipsa fide.* Sed fidem concomitatur aliquod de donis, ad minus donum timoris. Ergo videtur quod dona non sint ex necessitate connexa in uno et eodem.

3. Praeterea, Gregorius, in I *Moral.*,[2] dicit quod *minor est sapientia, si intellectu careat; et valde inutilis est intellectus, si ex sapientia non subsistat. Vile est consilium, cui opus fortitudinis deest; et valde fortitudo destruitur, nisi per consilium fulciatur. Nulla est scientia, si utilitatem pietatis non habet; et valde inutilis est pietas, si scientiae discretione caret. Timor quoque ipse, si non has virtutes habuerit, ad nullum opus bonae actionis surgit.* Ex quibus videtur quod unum donum possit sine alio haberi. Non ergo dona Spiritus Sancti sunt connexa.

제5절: 성령의 선물들은 서로 연결되어 있는가?

[반론] 다섯째에 대해서는 다음과 같이 진행된다. 성령의 선물들은 서로 연결되어 있지 않은 것으로 보인다.

1. 사도는 코린토 1서 12장 [8절]에서 이렇게 말한다. "어떤 사람들에게는 성령을 통해서 지혜의 말씀이 주어진다. 다른 사람들에게는 동일한 성령을 통해 지식(scientia)의 말씀이 주어진다." 그런데 지혜와 지식은 성령의 선물에 포함된다. 그러므로 성령의 선물은 서로 다른 사람들에게 주어지며, 동일한 사람 안에서 연결되어 있는 것은 아니다.

2. 아우구스티누스는 『삼위일체론』 제14권에서,[1] "많은 믿는 이들이 신앙은 갖고 있지만 지식은 갖고 있지 않다."고 말한다. 그런데 믿음에는 어떤 선물이, 적어도 두려움이 수반된다. 그러므로 선물들은 동일한 한 사람 안에서 연결되어 있는 것으로 보이지 않는다.

3. 그레고리우스는 『욥기의 도덕적 해설』 제1권에서 이렇게 말한다.[2] "만일 통찰이 결여되어 있다면 지혜는 미소(微小)한 것이다. 만일 지혜로부터 뒷받침되지 않으면 통찰은 무용(無用)하기 이를 데 없다. 만일 용기가 결여되어 있다면 의견은 무가치하다. 만일 의견에 의해 뒷받침되지 않으면 용기는 결함투성이 상태가 된다. 만일 효경의 유용함이 없다면 지식은 아무것도 아닌 것이 된다. 지식의 분별력을 결여하게 되면 효경은 쓸모없는 것이 된다. 두려움 또한 이 덕들을 갖지 않으면 선행(善行)을 할 수 없다." 그러므로 성령의 선물들은 서

---

1. c.1: PL 42, 1037.
2. c.32: PL 75, 547 C.D.

SED CONTRA est quod ibidem Gregorius[3] praemittit, dicens: *Illud in hoc filiorum convivio perscrutandum videtur, quod semetipsos invicem pascunt.* Per filios autem Iob, de quibus loquitur, designantur dona Spiritus Sancti. Ergo dona Spiritus Sancti sunt connexa, per hoc quod se invicem reficiunt.

RESPONDEO dicendum quod huius quaestionis veritas de facili ex praemissis potest haberi. Dictum est enim supra[4] quod sicut vires appetitivae disponuntur per virtutes morales in comparatione ad regimen rationis, ita omnes vires animae disponuntur per dona in comparatione ad Spiritum Sanctum moventem. Spiritus autem Sanctus habitat in nobis per caritatem, secundum illud *Rom.* 5, [5]: *Caritas Dei diffusa est in cordibus nostris per Spiritum Sanctum, qui datus est nobis*: sicut et ratio nostra perficitur per prudentiam. Unde sicut virtutes morales connectuntur sibi invicem in prudentia,[5] ita dona Spiritus Sancti connectuntur sibi invicem in caritate, ita scilicet quod qui caritatem habet, omnia dona Spiritus Sancti habet; quorum nullum sine caritate haberi potest.[6]

AD PRIMUM ergo dicendum quod sapientia et scientia uno modo possunt considerari secundum quod sunt gratiae gratis

---

3. Loc. cit., PL 75, 547 B.
4. a.3.

로 연결되어 있지 않다.

[재반론] 그러나 반대로 그레고리우스는 위에 인용한 부분 앞에서,[3] "우리는 아들들이 자신들의 그 잔치에서 서로 식사에 초대했다는 점을 염두에 두어야 한다."고 말한다. 그레고리우스가 말하는 욥의 아들들은 성령의 선물들을 나타낸다. 그러므로 성령의 선물들은 서로를 강화시킨다는 점에서 서로 연결되어 있다.

[답변] 이 질문에 대한 참된 답변(huius quaestionis veritas)은 전술(前述)된 것에서부터 쉽게 얻을 수 있다. 위에서 이미 언급된 바와 같이,[4] 마치 욕구능력이 윤리덕을 통하여 이성의 다스림에 응하게 되듯이, 영혼의 모든 능력은 선물을 통하여 성령의 움직임에 응하게 된다. 이성이 현명을 통하여 완전하게 되듯이, 성령은 참사랑을 통하여 우리 안에 머무신다. 로마서 5장 [5절]에는, "우리에게 주어진 성령을 통하여 하느님의 참사랑이 우리 마음 안에 부어졌다."는 말씀이 있다. 그러므로 윤리덕들이 현명을 통하여 서로 연결되듯이,[5] 성령의 선물들은 참사랑 안에서 서로 연결된다. 그러므로 참사랑을 지닌 사람은 성령의 모든 선물을 갖고 있고, 참사랑 없이는 어떤 선물도 소유할 수 없는 것이다.[6]

[해답] 1. 어떤 방식으로 지혜와 지식은 무상 은총(gratia gratis data)으로 간주될 수 있다. 말하자면, 신앙인들을 가르치고 적대자들을

---

5. Cf. q.65, aa.1-3.
6. Cf. II-II, q.19, a.9.

datae, prout scilicet aliquis abundat intantum in cognitione rerum divinarum et humanarum, ut possit et fideles instruere et adversarios confutare. Et sic loquitur ibi Apostolus de sapientia et scientia, unde signanter fit mentio de *sermone sapientiae et scientiae.*[7]—Alio modo possunt accipi prout sunt dona Spiritus Sancti. Et sic sapientia et scientia nihil aliud sunt quam quaedam perfectiones humanae mentis, secundum quas disponitur ad sequendum instinctus Spiritus Sancti in cognitione divinorum vel humanorum. Et sic patet quod huiusmodi dona sunt in omnibus habentibus caritatem.[8]

AD SECUNDUM dicendum quod Augustinus ibi loquitur de scientia exponens praedictam auctoritatem Apostoli:[9] unde loquitur de scientia praedicto modo accepta, secundum quod est gratia gratis data.[10] Quod patet ex hoc quod subdit: *Aliud enim est scire tantummodo quid homo credere debeat propter adipiscendam vitam beatam, quae non nisi aeterna est; aliud autem scire quemadmodum hoc ipsum et piis opituletur, et contra impios defendatur; quam proprio appellare vocabulo scientiam videtur Apostolus.*

AD TERTIUM dicendum quod, sicut uno modo connexio virtutum cardinalium probatur per hoc quod una earum perficitur quodammodo per aliam, ut supra[11] dictum est; ita Gregorius eodem modo vult probare connexionem donorum, per hoc quod unum

---

7. Cf. q.111, a.4, c & ad4.
8. II-II, q.45, a.5.

논박할 수 있도록 하느님과 관련된 일과 사람과 관련된 일에 대하여 많은 지식을 갖는 것으로 간주될 수 있는 것이다. 위에 인용된 본문에서 사도는 그런 의미로 지혜와 지식에 대하여 말한 것이다. 그래서 그는 지혜의 "말"과 지식의 "말"이라고 분명히 언급한다.[7]—다른 방식으로는 양자를 성령의 선물들로 받아들일 수 있다. 이 경우 지혜와 지식은 인간 정신의 완전성으로, 이로써 그 정신은 하느님과 인간에 관한 지식에서 성령의 충동(instinctus)을 따르는 경향을 띠게 된다. 그러므로 이러한 선물들은 참사랑을 지닌 모든 이들 안에 있음이 분명하다.[8]

2. 아우구스티누스는 여기서 인용된 사도의 말씀을[9] 해석하면서 지식에 대하여 말한다. 그러므로 그는 지식에 대하여 위에 언급된 방식으로, 곧 무상 은총으로 설명한다.[10] 그것은 그가 뒤에 덧붙여 말하는 것을 보면 명확해진다. "영원한 복된 삶 곧 다름 아닌 영원한 삶에 이르기 위해 믿어야 하는 것을 아는 데에 그치는 것과, 그것이 어떻게 경건한 이들에게 도움이 되고 불경한 이들에 대항하여 방어 수단이 되는지를 아는 것은 별개이다. 사도는 지식이라는 말로 후자를 지칭한 것으로 생각된다."

3. 추요덕(樞要德)의 연결은 한 방식으로는 위에서[11] 언급된 것처럼 그들 중 하나가 어떤 식으로 다른 것을 통해 완성된다는 사실로 증명된다. 그레고리우스는 같은 방식으로, 선물들의 경우도 하나가 다른 것 없이는 완전할 수 없다는 것을 통해서 그들이 연결되어 있음

---

9. 1코린 12,8.
10. Cf. q.111, a.4, c & ad4.
11. q.65, a.1.

sine alio non potest esse perfectum. Unde praemittit[12] dicens: *Valde singula quaelibet destituitur, si non una alii virtus virtuti suffragetur*. Non ergo datur intelligi quod unum donum possit esse sine alio, sed quod intellectus, si esset sine sapientia, non esset donum; sicut temperantia, si esset sine iustitia, non esset virtus.

Articulus 6
Utrum dona Spiritus Sancti remaneant in patria

Ad sextum sic proceditur. Videtur quod dona Spiritus Sancti non maneant in patria.

1. Dicit enim Gregorius, in II *Moral.*,[1] quod *Spiritus Sanctus contra singula tentamenta septem donis erudit mentem*. Sed in patria non erunt aliqua tentamenta; secundum illud Isaiae 11, [9]: *Non nocebunt et non occident in universo monte sancto meo*. Ergo dona Spiritus Sancti non erunt in patria.

2. Praeterea, dona Spiritus Sancti sunt habitus quidam, ut supra[2] dictum est. Frustra autem essent habitus, ubi actus esse non possunt. Actus autem quorundam donorum in patria esse

---

12. Loc. cit.: PL 75, 547BC.

1. c.49: PL 75, 592.

을 증명하려 한다. 그래서 그는 먼저,[12] "만일 한 덕이 다른 덕에 의해 지지받지 못하면 어떤 덕도 쓸모가 없게 된다."고 말한다. 그러므로 그의 말은 한 덕이 다른 덕 없이도 있을 수 있다는 뜻으로 이해할 수 없고, 오히려 지혜를 동반하지 않는 통찰은 선물이 아니라는 의미로 이해해야 한다. 이는 마치 정의를 수반하지 않는 절제가 덕이 아닌 것과 같다.

제6절: 성령의 선물들은 본향에서도 존속하는가?

Parall.: *In Sent.*, III, d.34, q.1, a.3.

[반론] 여섯째에 대해서는 다음과 같이 진행된다. 성령의 선물들은 본향(本鄕)에서는 존속(存續)하지 않을 것으로 생각된다.

1. 그레고리우스는 『욥기의 도덕적 해설』 제2권에서[1] 성령이 갖가지 유혹에 맞서(contra singula tentamenta) 일곱 가지 선물로써 정신을 교육한다고 말한다. 그러나 본향에서는 아무런 유혹도 없을 것이다. 이사야서 11장 [9절]에서는 "그들은 나의 거룩한 산에서는 상해를 입히지도 죽이지도 않으리라."고 말한다. 그러므로 성령의 선물들은 본향에서는 존속하지 않을 것이다.

2. 위에서[2] 언급된 것처럼 성령의 선물들은 습성이다. 그러나 행위가 없는 곳에서 습성은 아무 소용이 없다. 그런데 본향에서는 어떤

---

2. a.3.

non possunt, dicit enim Gregorius, in I *Moral.*,³ quod *intellectus facit audita penetrare, et consilium prohibet esse praecipitem, et fortitudo facit non metuere adversa, et pietas replet cordis viscera operibus misericordiae*; haec autem non competunt statui patriae. Ergo huiusmodi dona non erunt in statu gloriae.

3. Praeterea, donorum quaedam perficiunt hominem in vita contemplativa, ut sapientia et intellectus; quaedam in vita activa, ut pietas et fortitudo. Sed *activa vita cum hac vita terminatur*; ut Gregorius dicit, in VI *Moral.*⁴ Ergo in statu gloriae non erunt omnia dona Spiritus Sancti.

SED CONTRA est quod Ambrosius dicit, in libro *de Spiritu Sancto*:⁵ *Civitas Dei illa, Ierusalem caelestis, non meatu alicuius fluvii terrestris abluitur; sed ex vitae fonte procedens Spiritus Sanctus, cuius nos brevi satiamur haustu, in illis caelestibus spiritibus redundantius videtur affluere, pleno septem virtutum spiritualium fervens meatu.*

RESPONDEO dicendum quod de donis dupliciter possumus loqui. Uno modo, quantum ad essentiam donorum, et sic perfectissime erunt in patria,⁶ sicut patet per auctoritatem Ambrosii inductam.⁷ Cuius ratio est quia dona Spiritus Sancti

---

3. c.32: PL 75, 547AB.
4. c.37: PL 75, 764D.

선물들의 행위는 있을 수 없다. 그레고리우스는『욥기의 도덕적 해설』제1권에서[3] 이렇게 말한다. "통찰은 들은 것을 꿰뚫어 보게 하고 의견은 성급함을 제지시키고 용기는 역경을 두려워하지 않게 하고 효경은 마음 깊은 곳을 자비에서 우러나온 행위로 채운다." 그러나 이것들은 복된 본향의 상태와는 병립될 수 없다. 그러므로 이러한 선물들은 영광의 상태에는 존속하지 않을 것이다.

3. 선물들 중 일부는 지혜와 통찰처럼 관상생활에서 인간을 완전하게 하고, 또 일부는 효경이나 용기처럼 활동생활 안에서 인간을 완전하게 한다. 그런데 그레고리우스가『욥기의 도덕적 해설』제6권[4]에서 말하듯이 활동생활은 현세의 삶과 더불어 끝난다. 그러므로 영광의 상태에서는 성령의 모든 선물들이 존속하지는 않을 것이다.

[재반론] 그러나 반대로 암브로시우스는『성령론』에서[5] 이렇게 말한다. "저 하느님의 도시, 천상 예루살렘은 그 어떤 지상의 강물로도 씻어지지 않는다. 생명의 샘으로부터 흐르는 성령이—우리는 그 아주 작은 일부를 맛볼 뿐이다.—일곱 덕으로 소용돌이치며 천상의 영들 사이로 더욱 풍부하게 흐른다."

[답변] 선물들에 대해서는 두 가지 방식으로 말할 수 있다. 한 방식으로는 선물의 본질(essentia donorum)과 관련해서이다. 그런 방식으로는 선물들은 본향에서 가장 완벽한 상태로 존재한다.[6] 이는 위에 인용한 암브로시우스의 말에서 명백하다.[7] 그 이유는 성령의 선물들이 성

---

5. I, c.16: PL 16, 740BC.
6. Cf. II-II, q.19, a.11; q.52, a.3.
7. 재반론.

perficiunt mentem humanam ad sequendam motionem Spiritus Sancti, quod praecipue erit in patria, quando Deus erit *omnia in omnibus*, ut dicitur I *ad Cor.* 15,[28] et quando homo erit totaliter subditus Deo.—Alio modo possunt considerari quantum ad materiam circa quam operantur, et sic in praesenti habent operationem circa aliquam materiam circa quam non habebunt operationem in statu gloriae. Et secundum hoc, non manebunt in patria, sicut supra de virtutibus cardinalibus dictum est.[8]

AD PRIMUM ergo dicendum quod Gregorius loquitur ibi de donis secundum quod competunt statui praesenti, sic enim donis protegimur contra tentamenta malorum. Sed in statu gloriae, cessantibus malis, per dona Spiritus Sancti perficiemur in bono.

AD SECUNDUM dicendum quod Gregorius quasi in singulis donis ponit aliquid quod transit cum statu praesenti, et aliquid quod permanet etiam in futuro. Dicit enim[9] quod *sapientia mentem de aeternorum spe et certitudine reficit*: quorum duorum spes transit, sed certitudo remanet.—Et de intellectu dicit quod *in eo quod audita penetrat, reficiendo cor, tenebras eius illustrat*: quorum auditus transit, quia *non docebit vir fratrem suum*, ut dicitur Ierem. 31, [34]; sed illustratio mentis manebit.—De consilio autem dicit quod *prohibet esse praecipitem*, quod est necessarium in praesenti, et iterum quod *ratione animum replet*,

---

8. q.67, a.1.

령의 움직임을 따르도록 인간의 정신을 완전하게 하는 것이기 때문이다. 그것은 특히 본향에서 이루어질 것이다. 그때에는 코린토 1서 15장 [28절]에서 말하듯이 하느님께서 모든 것 안에서 모든 것이 되실 것이고 인간은 완전히 하느님께 복종할 것이다.—다른 방식으로는 성령께서 작용하시는 질료와 관련하여 생각될 수 있다. 그런 식으로 본다면, 그 선물들은 현세에서는 어떤 질료에 작용하지만 영광의 상태에서는 그러한 작용이 없을 것이다. 그러므로 성령의 선물들은 본향에서는 더 이상 남아 있지 않게 될 것이다. 이는 위에서 추요덕들과 관련되어 언급된 것과 같다.[8]

[해답] 1. 그레고리우스는 선물들에 대해서, 현재의 상태에 적합한 것으로서 말하고 있다. 이 상태에서 우리는 선물들에 의해 악의 유혹으로부터 보호받는다. 그러나 악이 사라진 영광의 상태에서 우리는 성령의 선물들을 통해 선 안에서 완전하게 된다.

2. 그레고리우스는 거의 모든 개별적인 선물들 가운데 현세의 상태와 함께 사라지는 것과 미래의 상태에서도 여전히 존속하는 것을 제시한다. 그는 이렇게 말한다.[9] "지혜는 희망과 영원한 것들에 대한 확신으로 정신을 길러 준다." 그 두 가지 가운데 희망은 현세와 더불어 사라지나, 확신은 존속한다.—그리고 통찰에 대해서는 이렇게 말한다. "들은 것을 꿰뚫어 보는 행위로, 마음을 활기 넘치게 하고 어둠을 밝혀 준다." 이들 중 듣는 것은 사라진다. 예레미야서 31장 [34절]에 언급된 것처럼, 더 이상 자기 형제를 가르칠 필요가 없게 될 것이기 때문이다. 그러나 정신을 밝히는 것은 남게 될 것이다. 그는

---

9. 재반론.

quod est necessarium etiam in futuro.—De fortitudine vero dicit quod *adversa non metuit*, quod est necessarium in praesenti, et iterum quod *confidentiae cibos apponit*, quod permanet etiam in futuro.—De scientia vero unum tantum ponit, scilicet quod *ignorantiae ieiunium superat*, quod pertinet ad statum praesentem. Sed quod addit, *in ventre mentis*, potest figuraliter intelligi repletio cognitionis, quae pertinet etiam ad statum futurum.—De pietate vero dicit quod *cordis viscera misericordiae operibus replet.* Quod quidem secundum verba, pertinet tantum ad statum praesentem. Sed ipse intimus affectus proximorum, per viscera designatus, pertinet etiam ad futurum statum; in quo pietas non exhibebit misericordiae opera, sed congratulationis affectum.—De timore vero dicit quod *premit mentem, ne de praesentibus superbiat*, quod pertinet ad statum praesentem; et quod *de futuris cibo spei confortat*, quod etiam pertinet ad statum praesentem, quantum ad spem; sed potest etiam ad statum futurum pertinere, quantum ad confortationem de rebus hic speratis, et ibi obtentis.

AD TERTIUM dicendum quod ratio illa procedit de donis quantum ad materiam. Opera enim activae vitae non erunt materia donorum, sed omnia habebunt actus suos circa ea quae pertinent ad vitam contemplativam, quae est vita beata.[10]

통찰에 대해서 "성급함을 제지시킨다"고 말하는데 이는 현세에서 필요한 것이고, 또 "이성으로 마음을 가득 채운다"고 말하는데 이는 미래에도 필요한 것이다.—용기에 대해서는 "역경을 두려워하지 않게 한다"고 말하는데 이는 현세에서 필요한 것이고, 또 "신뢰의 음식을 제공한다"고 말하는데 이는 미래에도 필요한 것이다.—지식에 대해서는 오직 한 가지를 언급하여 "무지의 굶주림을 극복한다"고 말하는데, 이는 현세에 속한다. 그러나 그다음에 "정신의 배(腹) 안에서"라고 덧붙이는데, 이는 미래의 상태에서 이루어질 지식의 충족을 비유한 것으로 이해할 수 있다.—효경에 대해서는 "마음 깊은 곳을 자비에서 우러나온 행위로 채운다"고 말하는데, 이를 문자 그대로 이해하면 현재에만 속한 것으로 보인다. 그러나 "마음 깊은 곳"이 이웃에 대한 깊은 내면의 감정(affectus)을 나타낸다고 본다면, 그것은 미래에 속한다. 미래에 효경은 자비의 행위를 행하는 것이 아니라 축하를 나눌 것이다.—두려움에 대해서 그는 "현세의 것들에서 교만해지지 않도록 정신을 억누른다"고 말하는데 이는 현재의 상태에 속하고, 또 "미래의 것에 대한 희망의 음식으로 튼튼히 한다"고 말한다. 이는 희망과 관련해서는 현재의 상태에 속하지만, 우리에게 희망을 갖게 하는 그것과 관련해서는 미래의 상태에 속한다. 우리는 그것들을 여기에서는 단지 희망할 뿐이나, [장차] 저곳에서는 획득하게 될 것이다.

3. 그 논거는 선물들의 질료에 관련된다. 활동생활의 행위는 선물들의 질료가 되지 않을 것이기 때문이다. 그러나 선물들은 복된 삶인 관조적 삶에 속한 것들과 관련하여 작용하게 될 것이다.[10]

---

10. Cf. q.3, a.5.

Articulus 7

Utrum dignitas donorum attendatur secundum enumerationem Isaiae 11

Ad septimum sic proceditur. Videtur quod dignitas donorum non attenditur secundum enumerationem qua enumerantur Isaiae 11, [2-3].

1. Illud enim videtur esse potissimum in donis, quod maxime Deus ab homine requirit. Sed maxime requirit Deus ab homine timorem, dicitur enim *Deut.* 10, [12]: *Et nunc, Israel, quid Dominus Deus tuus petit a te, nisi ut timeas Dominum Deum tuum?* et Malach. 1, [6] dicitur: *Si ego Dominus, ubi timor meus?*[1] Ergo videtur quod timor, qui enumeratur ultimo, non sit infimum donorum, sed maximum.

2. Praeterea, pietas videtur esse quoddam bonum universale, dicit enim Apostolus, I *ad Tim.* 4, [8], quod *pietas ad omnia utilis est.* Sed bonum universale praefertur particularibus bonis. Ergo pietas, quae penultimo enumeratur, videtur esse potissimum donorum.

3. Praeterea, scientia perficit iudicium hominis; consilium autem ad inquisitionem pertinet. Sed iudicium praeeminet inquisitioni. Ergo scientia est potius donum quam consilium, cum tamen post enumeretur.

제7절: 선물들의 품위는 이사야서에 열거된 순서를 따르는가?

Parall.: *In Isaiam*, c.11.

[반론] 일곱째에 대해서는 다음과 같이 진행된다. 선물들의 품위는 이사야서 11장 [2-3절]에 열거된 순서를 따르지 않는 것으로 생각된다.

1. 선물들 중 가장 주요한 것은 하느님께서 인간에게 다른 것보다 더 요구하시는 것이어야 하리라고 생각된다. 그런데 하느님께서 인간에게 무엇보다 요구하시는 것은 두려움이다. 신명기 10장 [12절]에는 "이제 이스라엘아, 주 너희 하느님께서 너희에게 요구하시는 것이 무엇이겠느냐? 그것은 주 너희 하느님을 두려워하는 것이다."라고 기록되어 있고, 말라키서 1장 [6절]에는 "내가 주인이라면 나에 대한 두려움은 어디 있느냐?"라고 되어 있다.[1] 그러므로 마지막에 열거되는 두려움은 가장 작은 선물이 아니고 가장 큰 선물이다.

2. 효경은 가장 보편적인 은사로 보인다. 사도가 티모테오 1서에서 "효경은 모든 면에서 유익합니다."라고 말하기 때문이다. 그런데 보편적 선은 개별적 선보다 더 우선시된다. 그러므로 끝에서 둘째로 열거된 경건이 가장 큰 선물로 보인다.

3. 지식은 인간의 판단을 완성하는 반면, 의견은 탐구에 속한다. 그런데 판단은 탐구보다 탁월하다. 그러므로 지식이 의견보다는 더 큰 선물이다. 그런데 더 나중에 열거되었다.

---

1. (Vulgata): 'Si dominus ego sum, ubi est timor meus?'

4. Praeterea, fortitudo pertinet ad vim appetitivam; scientia autem ad rationem. Sed ratio est eminentior quam vis appetitiva. Ergo et scientia est eminentius donum quam fortitudo, quae tamen primo enumeratur. Non ergo dignitas donorum attenditur secundum ordinem enumerationis eorum.

SED CONTRA est quod Augustinus dicit, in libro *de Serm. Dom. in Monte*:[2] *Videtur mihi septiformis operatio Spiritus Sancti, de qua Isaias loquitur, his gradibus sententiisque congruere* (de quibus fit mentio Matth. 5, [3sqq.]); *sed interest ordinis. Nam ibi* (scilicet in Isaia) *enumeratio ab excellentioribus coepit, hic vero, ab inferioribus.*

RESPONDEO dicendum quod dignitas donorum dupliciter potest attendi, uno modo, simpliciter, scilicet per comparationem ad proprios actus prout procedunt a suis principiis; alio modo, secundum quid, scilicet per comparationem ad materiam. Simpliciter autem loquendo de dignitate donorum, eadem est ratio comparationis in ipsis et in virtutibus, quia dona ad omnes actus potentiarum animae perficiunt hominem, ad quos perficiunt virtutes, ut supra[3] dictum est. Unde sicut virtutes intellectuales praeferuntur virtutibus moralibus;[4] et in ipsis virtutibus intellectualibus contemplativae praeferuntur

---

2. I, c.4: PL 34, 1234.

4. 용기는 욕구능력에 속하고, 지식은 이성에 속한다. 그런데 이성은 욕구능력보다 더 탁월하다. 그러므로 지식은 용기보다 더 탁월한 선물이다. 그런데 용기가 먼저 열거되었다. 그러므로 선물들은 품위의 순서대로 열거된 것이 아니다.

[재반론] 그러나 반대로 아우구스티누스는 『주님의 산상설교』에서[2] 이렇게 말한다. "이사야가 말하는 성령의 일곱 가지 작용은 이들(마태오복음서 5장에 언급된 것들)의 단계와 표현에 상응하는 것으로 생각된다. 그러나 그 순서에 차이가 있다. 전자의 경우에는 더 탁월한 것들로부터 열거하기 시작하는 데 비해, 후자의 경우에는 더 열등한 것들로부터 열거하기 시작하기 때문이다."

[답변] 선물의 품위는 두 가지 방식으로 파악될 수 있다. 첫째 방식은 단적인 것으로, 그 선물의 원리로부터 전개되는 고유한 행위에 따라 파악하는 것이다. 둘째 방식은 상대적인 것(secundum quid)으로, 그 질료에 따라 파악하는 것이다.

선물들의 품위를 단적으로 말한다면, 선물들을 비교하는 기준은 덕들을 비교할 때와 동일하다. 선물들은 영혼의 능력들의 모든 행위와 관련하여 인간을 완전하게 하는데, 위에서 말한 바와 같이[3] 덕도 그러하기 때문이다. 그런데, 지성적인 덕이 윤리덕보다 우선하고[4] 또한 지성적인 덕 안에서는 관조적인 덕이 실천적인 덕보다 우선하여 지혜, 통찰, 지식이 현명이나 기예(ars)보다 우선한다(그중에서도 지

---

3. a.4.
4. Cf. q.66, a.4.

q.68, a.7

activis, ut sapientia intellectui, et scientia prudentiae et arti; ita tamen quod sapientia praefertur intellectui, et intellectus scientiae,[5] sicut prudentia et synesis eubuliae:[6] ita etiam in donis sapientia et intellectus, scientia et consilium, praeferuntur pietati et fortitudini et timori; in quibus etiam pietas praefertur fortitudini, et fortitudo timori, sicut iustitia fortitudini, et fortitudo temperantiae.[7] Sed quantum ad materiam, fortitudo et consilium praeferuntur scientiae et pietati, quia scilicet fortitudo et consilium in arduis locum habent; pietas autem, et etiam scientia, in communibus.—Sic igitur donorum dignitas ordini enumerationis respondet, partim quidem simpliciter, secundum quod sapientia et intellectus omnibus praeferuntur, partim autem secundum ordinem materiae, secundum quod consilium et fortitudo praeferuntur scientiae et pietati.

AD PRIMUM ergo dicendum quod timor maxime requiritur quasi primordium quoddam perfectionis donorum, quia *initium sapientiae timor Domini*:[8] non propter hoc quod sit ceteris dignius. Prius enim est, secundum ordinem generationis, ut aliquis recedat a malo, quod fit per timorem, ut dicitur *Proverb.* 16, [6];[9] quam quod operetur bonum, quod fit per alia dona.[10]

AD SECUNDUM dicendum quod pietas non comparatur in verbis Apostoli, omnibus donis Dei, sed soli *corporali exercitationi*, de

---

5. Cf. q.66, a.5; q.57, a.2, ad2.

혜는 통찰보다 우선하고, 통찰은 지식보다 우선하며,[5] 현명과 판단력[synesis]은 심사숙고[eubulia]보다 우선한다[6]]. 이와 마찬가지로 선물들 안에서도 지혜, 통찰, 지식, 의견이 효경, 용기, 두려움보다 우선한다. 후자 중에서도 효경이 용기보다, 그리고 용기가 두려움보다 우선한다. 이는 마치 정의가 용기보다, 용기가 절제보다 더 우선하는 것과 같다.[7] 그러나 질료와 관련해서는 용기와 의견이 지식과 효경보다 우선한다. 용기와 의견은 어려운 것들과 관련되는 데 비해 효경과 지식은 일상적인 것들에(in commmunibus) 관련되기 때문이다.— 그러므로 선물들의 품위는 열거의 순서에 상응하는데, 지혜와 통찰이 다른 모든 것에 우선하는 것은 단적으로 그러하고, 의견과 용기가 지식과 효경에 우선하는 것은 질료에 따라서 그러하다.

[해답] 1. 두려움은 은사들의 완성의 기초로서 다른 어떤 것보다 더 요구된다. 이는 지혜의 시초가 주님에 대한 두려움이기 때문이지,[8] 두려움이 다른 것보다 더 탁월해서 그런 것은 아니다. 생성의 순서에 따르면 잠언 16장 [6절][9]에서 말하듯이 두려움을 통해 악과 결별하는 것이 다른 선물들을 통해 선을 행하는 것보다 더 우선이다.[10]

2. 사도의 말에서 효경은 하느님의 모든 선물들과 비교된 것이 아니라 다만 "몸의 단련"과 비교되며, 몸의 단련에 관하여 그는 "조금

---

6. Cf. q.57, a.6.
7. Cf. q.66, a.4.
8. 시편 111(110),10; 집회 1,14.
9. Cf. Ibid. 15,27.
10. Cf. II-II, q.19, a.7.

qua praemittit quod *ad modicum utilis est.*[11]

AD TERTIUM dicendum quod scientia etsi praeferatur consilio ratione iudicii, tamen consilium praefertur ratione materiae, nam consilium non habet locum nisi in arduis, ut dicitur in III *Ethic.*;[12] sed iudicium scientiae in omnibus locum habet.

AD QUARTUM dicendum quod dona directiva, quae pertinent ad rationem, donis exequentibus digniora sunt, si considerentur per comparationem ad actus prout egrediuntur a potentiis, ratio enim appetitivae praeeminet, ut regulans regulato. Sed ratione materiae, adiungitur consilium fortitudini, sicut directivum exequenti, et similiter scientia pietati, quia scilicet consilium et fortitudo in arduis locum habent, scientia autem et pietas etiam in communibus. Et ideo consilium simul cum fortitudine, ratione materiae, numeratur ante scientiam et pietatem.

Articulus 8
Utrum virtutes sint praeferendae donis

Ad octavum sic proceditur. Videtur quod virtutes sint praeferendae donis.

1. Dicit enim Augustinus, in XV *de Trin.*,[1] de caritate loquens:

---

11. 1티모 4,8.
12. III, c.3, 1112b9-11; S. Thomas, lect.7, nn.471-472.

밖에 도움이 되지 않는다"고 말한다.[11]

3. 지식이 판단에 있어서는 의견보다 앞서지만, 질료에 있어서는 의견이 앞선다. 『니코마코스 윤리학』[12]에서 말하듯이 의견은 어려운 것들에만 관련되는 반면, 지식의 판단은 모든 것에 관련되기 때문이다.

4. 각각의 능력에서 나오는 행위들을 기준으로 고찰한다면, 이성에 속하는 지도하는 선물들이 실행하는 선물들보다 더 우월하다. 통제하는 것(regulans)이 통제받는 것(regulatum)보다 우월하듯이 이성은 욕구보다 우월하기 때문이다. 그러나 질료를 기준으로 고찰한다면 의견과 용기는 각각 지도하는 것과 실행하는 것으로서 서로 결합되어 있으며, 지식과 효경도 마찬가지이다. 의견과 용기는 어려운 것들에 관련되고, 지식과 효경은 일반적인 것들에 관련되기 때문이다. 그러므로 질료를 기준으로 하여 용기는 지식이나 효경보다 먼저 열거된 것이다.

제8절: 덕은 선물보다 탁월한가?

Parall.: *In Sent.,* III, d.34, q.1, a.1, ad5; *De virtutibus*, q.2, a.2, ad17.

[반론] 여덟째에 대해서는 다음과 같이 진행된다. 덕은 선물보다 탁월한 것으로 생각된다.

1. 아우구스티누스는 『삼위일체론』 제15권에서[1] 참사랑에 대하여

---

1. c.18: PL 42, 1082.

q.68, a.8

Nullum est isto Dei dono excellentius. Solum est quod dividit inter filios regni aeterni, et filios perditionis aeternae, Dantur et alia per Spiritum Sanctum munera, sed sine caritate nihil prosunt. Sed caritas est virtus. Ergo virtus est potior donis Spiritus Sancti.

2. Praeterea, ea quae sunt priora naturaliter, videntur esse potiora. Sed virtutes sunt priores donis Spiritus Sancti, dicit enim Gregorius, in II *Moral.*,[2] quod *donum Spiritus Sancti in subiecta mente ante alia iustitiam, prudentiam, fortitudinem et temperantiam format, et sic eandem mentem septem mox virtutibus* (idest donis) *temperat, ut contra stultitiam, sapientiam; contra hebetudinem, intellectum; contra praecipitationem, consilium; contra timorem, fortitudinem; contra ignorantiam, scientiam; contra duritiam, pietatem; contra superbiam, det timorem.* Ergo virtutes sunt potiores donis.

3. Praeterea, virtutibus nullus male uti potest, ut Augustinus dicit.[3] Donis autem potest aliquis male uti, dicit enim Gregorius, in I *Moral.*,[4] quod *hostiam nostrae precis immolamus ne sapientia elevet; ne intellectus, dum subtiliter currit, oberret; ne consilium, dum se multiplicat, confundat; ne fortitudo, dum fiduciam praebet, praecipitet; ne scientia, dum novit et non diligit, inflet; ne pietas, dum se extra rectitudinem inclinat, intorqueat; ne timor, dum plus iusto trepidat, in desperationis foveam mergat.* Ergo virtutes sunt digniores donis Spiritus Sancti.

---

2. c.49: PL 75, 592.

설명하면서 이렇게 말한다. "이보다 더 탁월한 하느님의 선물은 없다. 그것만이 영원한 멸망의 자녀들로부터 영원한 왕국의 자녀들을 구분해 준다. 성령을 통해 다른 선물들이 주어지지만, 참사랑 없이는 아무 소용이 없다." 그런데 참사랑은 덕이다. 그러므로 덕은 성령의 선물보다 더 탁월하다.

2. 본성적으로 앞선 것이 더 탁월한 것이라고 생각된다. 그런데 덕은 성령의 선물보다 선행한다. 그레고리우스는 『욥기의 도덕적 해설』 제2권에서[2] 이렇게 말한다. "성령의 선물은 자신에게 복종하는 영혼 안에서 현명, 정의, 절제 그리고 용기를 형성하고, […] 일곱 가지 선물을 통하여 그 영혼을 수호한다. 어리석음에 반하여 지혜를, 우둔함에 반하여 통찰을, 경솔함에 반하여 의견을, 두려움에 반하여 용기를, 무지에 반하여 지식(scientia)을, 완고함에 반하여 효경을, 교만함에 반하여 두려움을 주는 것이다." 그러므로 덕이 선물보다 탁월하다.

3. 아우구스티누스가 말하듯이[3] 덕은 악용(惡用)될 수 없다. 그런데 선물은 악용할 수 있다. 그레고리우스는 『욥기의 도덕적 해설』 제1권에서[4] 이렇게 말한다. "우리는 지혜가 교만하게 되지 않도록, 통찰이 정밀하게 전개해 갈 때 잘못된 길로 빠지지 않도록, 의견이 많아지면서 혼동을 일으키지 않도록, 용기가 확신을 주면서 넘어지게 하지 않도록, 지식이 사랑 없는 앎으로 부풀지 않도록, 효경이 정의를 벗어나 왜곡되지 않도록, 두려움이 지나치게 우리를 동요시켜 절망의 구렁으로 빠지게 하지 않도록 우리의 기도를 희생 제물로 바친

---

3. *De Libero Arbitrio*, II, cc.18-19: PL 32, 1267-1268.
4. c.35: PL 75, 549 A.

q.68, a.8

SED CONTRA est quod dona dantur in adiutorium virtutum contra defectus, ut patet in auctoritate inducta;[5] et sic videtur quod perficiant quod virtutes perficere non possunt. Sunt ergo dona potiora virtutibus.

RESPONDEO dicendum quod, sicut ex supradictis[6] patet, virtutes in tria genera distinguuntur, sunt enim quaedam virtutes theologicae, quaedam intellectuales, quaedam morales.[7] Virtutes quidem theologicae sunt quibus mens humana Deo coniungitur; virtutes autem intellectuales sunt quibus ratio ipsa perficitur; virtutes autem morales sunt quibus vires appetitivae perficiuntur ad obediendum rationi. Dona autem Spiritus Sancti sunt quibus omnes vires animae disponuntur ad hoc quod subdantur motioni divinae.[8]

Sic ergo eadem videtur esse comparatio donorum ad virtutes theologicas, per quas homo unitur Spiritui Sancto moventi; sicut virtutum moralium ad virtutes intellectuales, per quas perficitur ratio, quae est virtutum moralium motiva. Unde sicut virtutes intellectuales praeferuntur virtutibus moralibus, et regulant eas; ita virtutes theologicae praeferuntur donis Spiritus Sancti, et regulant ea. Unde Gregorius dicit, in I *Moral.*,[9] quod *neque ad denarii perfectionem septem filii* (idest septem dona) *perveniunt,*

---

5. Obj.2.
6. q.58, a.3; q.62, a.1.

다." 그러므로 덕은 성령의 선물보다 더 존귀하다.

[재반론] 그러나 반대로 선물들은 위에 인용된 단락들에서 밝혀진 것처럼⁵ 결함에 맞서 덕들을 돕기 위해 주어진다. 그러므로 선물들은 덕들이 실현할 수 없는 것을 할 수 있는 것으로 보인다. 그러므로 선물이 덕보다 더 탁월하다.

[답변] 전술된 것에서부터 밝혀졌듯이⁶ 덕은 세 종류로 구별된다. 어떤 것들은 대신덕이고, 어떤 것들은 지성적인 덕이고, 어떤 것들은 윤리적인 덕이다.⁷ 대신덕은 인간을 하느님과 결합케 하는 덕이다. 지성적인 덕은 이성 자체를 완성한다. 윤리적인 덕은 욕구가 이성에 복종하게끔 완성한다. 그런데 성령의 선물에 의해 인간의 모든 능력은 신적인 움직임에 복종하는 성향을 갖는다.⁸

그러므로 인간을 그를 움직이시는 성령에 결합시키는 대신덕에 대한 선물의 관계는, 어떤 점에서 윤리적인 덕의 동인인 이성을 완성시키는 지성적 덕에 대한 윤리덕의 관계와 같다. 그러므로 지성적인 덕이 윤리적인 덕보다 우선하고 윤리적인 덕을 통제하듯이, 대신덕도 성령의 선물에 우선하고 그 선물을 조정(調整)한다. 그러므로 그레고리우스는 『욥기의 도덕적 해설』 제1권에서,⁹ "일곱 아들(즉 일곱 가지 선물)은 그들이 행하는 모든 것이 믿음, 희망, 참사랑 속에 있지 않으면 결코 십(十)이라는 숫자의 완전함에 이르지 못한다."라고 말

---

7. Cf. II-II, q.161, a.5.
8. Cf. a.4.
9. c.27: PL 75, 544 CD.

nisi in fide, spe et caritate fuerit omne quod agunt.

Sed si comparemus dona ad alias virtutes intellectuales vel morales, dona praeferuntur virtutibus. Quia dona perficiunt vires animae in comparatione ad Spiritum Sanctum moventem, virtutes autem perficiunt vel ipsam rationem, vel alias vires in ordine ad rationem. Manifestum est autem quod ad altiorem motorem oportet maiori perfectione mobile esse dispositum. Unde perfectiora sunt dona virtutibus.

AD PRIMUM ergo dicendum quod caritas est virtus theologica; de qua concedimus quod sit potior donis.

AD SECUNDUM dicendum quod aliquid est prius altero dupliciter. Uno modo, ordine perfectionis et dignitatis, sicut dilectio Dei est prior dilectione proximi. Et hoc modo dona sunt priora virtutibus intellectualibus et moralibus, posteriora vero virtutibus theologicis.—Alio modo, ordine generationis seu dispositionis, sicut dilectio proximi praecedit dilectionem Dei, quantum ad actum. Et sic virtutes morales et intellectuales praecedunt dona, quia per hoc quod homo bene se habet circa rationem propriam, disponitur ad hoc quod se bene habeat in ordine ad Deum.

AD TERTIUM dicendum quod sapientia et intellectus et alia huiusmodi sunt dona Spiritus Sancti, secundum quod caritate informantur; quae *non agit perperam,* ut dicitur I *ad Cor.* 13,

한다.

그러나 만일 우리가 선물을 다른 덕들 곧 지성적인 덕과 윤리적인 덕에 비교한다면, 선물이 덕보다 우선한다. 그것은 선물은 영혼을 움직이시는 성령과 관련하여 영혼의 능력들을 완전하게 하는 데 비해, 덕은 이성 자체를 완전하게 하거나 다른 능력들을 이성과 관련하여 완전하게 하기 때문이다. 그런데 추동자(推動者)가 더 높은 것일수록 움직여지는 것이 더 탁월한 상태로 준비되어야 한다는 것은 명백하다. 그러므로 선물은 덕보다 더 완전하다.

[해답] 1. 참사랑은 대신덕(對神德)이다. 그래서 우리는 이 덕이 선물보다 더 탁월하다는 것을 인정한다.

2. 어떤 것이 다른 것에 우선인 것에는 두 가지 방식이 있다. 그 한 방식은 완전성과 품위의 순서이다. 하느님에 대한 사랑이 이웃에 대한 사랑보다 앞선다는 것이 이런 경우이다. 이런 방식으로 선물들은 지성적인 덕과 윤리적인 덕에 우선하지만 대신덕보다는 후(後) 순위에 있다.—다른 방식은 생성과 배열의 순서이다. 행위에 관한 한 이웃에 대한 사랑이 하느님에 대한 사랑보다 선행한다. 그런 식으로는 윤리적인 선과 지성적인 선이 선물에 선행한다. 인간은 자신의 이성과 관련하여 좋은 상태에 있음으로써 비로소 하느님과의 관계에서 좋은 상태로 나아갈 수 있기 때문이다.

3. 지혜와 통찰 그리고 그와 같은 방식의 다른 것들은, 코린토 1서 13장 [4절]에서 언급된 것처럼 "악을 행하지 않는" 참사랑(caritas)에 의해 형성되는 한에서 성령의 선물이다. 그러므로 지혜와 통찰 그리고 그와 같은 방식의 다른 것들이 성령의 은사인 한 아무도 그것들

[4]. Et ideo sapientia et intellectu et aliis huiusmodi nullus male utitur,[10] secundum quod sunt dona Spiritus Sancti. Sed ad hoc quod a caritatis perfectione non recedant, unum ab altero adiuvatur.[11] Et hoc est quod Gregorius dicere intendit.

을 악용할 수 없다.[10] 그러나 그것들은 참사랑의 완전함으로부터 떨어지지 않기 위해 서로 돕는다.[11] 이것이 바로 그레고리우스가 말하고자 의도한 것이다.

---

10. Cf. q.55, a.4, ad5.
11. Cf. a.5, ad3.

QUAESTIO LXIX
DE BEATITUDINIBUS
in quatuor articulos divisa

Deinde considerandum est de beatitudinibus.[1] Et circa hoc quaeruntur quatuor.

Primo: utrum beatitudines a donis et virtutibus distinguantur.

Secundo: de praemiis beatitudinum, utrum pertineant ad hanc vitam.

Tertio: de numero beatitudinum.

Quarto: de convenientia praemiorum quae eis attribuuntur.

Articulus 1
Utrum beatitudines distinguantur a virtutibus et donis

Ad primum sic proceditur. Videtur quod beatitudines a virtutibus et donis non distinguantur.

1. Augustinus enim, in libro *de Serm. Dom. in Monte*,[1] attribuit

---

1. Cf. q.55, Introd.

제69문
참행복에 대하여
(전4절)

다음으로는 참행복에 대하여 고찰해야 한다.[1] 이에 대해서는 네 가지 질문이 제기된다.
 1. 참행복은 선물과 덕으로부터 구별되는가?
 2. 참행복의 상급에 대하여. 그것은 이 세상에 속하는가?
 3. 참행복의 숫자.
 4. 참행복에 대한 상급은 적합한가?

제1절: 참행복은 선물과 덕으로부터 구별되는가?

Parall.: *In Sent.*, III, d.34, q.1, a.4; *In Ioan.*, c.11; *In Matth.*, c.5.

[반론] 첫째에 대해서는 다음과 같이 진행된다. 참행복은 선물과 덕으로부터 구별되지 않는 것으로 보인다.
 1. 아우구스티누스는 『주님의 산상설교』에서[1] 마태오복음서 [5장

---
1. I, c.4: PL 34, 1234.

beatitudines in Matthaeo [5,3sqq.] enumeratas, donis Spiritus Sancti: Ambrosius autem, *super Lucam*,² attribuit beatitudines ibi enumeratas quatuor virtutibus cardinalibus. Ergo beatitudines non distinguuntur a virtutibus et donis.

2. Praeterea, humanae voluntatis non est nisi duplex regula, scilicet ratio, et lex aeterna, ut supra³ habitum est. Sed virtutes perficiunt hominem in ordine ad rationem; dona autem in ordine ad legem aeternam Spiritus Sancti, ut ex dictis⁴ patet. Ergo non potest esse aliquid aliud pertinens ad rectitudinem voluntatis humanae, praeter virtutes et dona. Non ergo beatitudines ab eis distinguuntur.

3. Praeterea, in enumeratione beatitudinum ponitur mititas, et iustitia, et misericordia; quae dicuntur esse quaedam virtutes. Ergo beatitudines non distinguuntur a virtutibus et donis.

SED CONTRA est quod quaedam enumerantur inter beatitudines, quae nec sunt virtutes nec dona; sicut paupertas, et luctus, et pax. Differunt ergo beatitudines et a virtutibus et a donis.

RESPONDEO dicendum quod, sicut supra⁵ dictum est, beatitudo est ultimus finis humanae vitae. Dicitur autem aliquis iam finem habere, propter spem finis obtinendi, unde et Philosophus dicit, in

---

2. V, c.6: PL 15, 1649 C.

3절 이하]에 열거된 참행복을 성령의 선물들에 귀속시킨다. 그리고 암브로시우스는 『루카복음서 해설』에서[2] 거기서 열거된 참행복을 사추덕에 귀속시킨다. 그러므로 참행복은 선물과 덕으로부터 구별되지 않는다.

2. 위에서 언급된 것처럼[3] 인간의 의지에는 두 척도만이 존재한다. 이성과 영원법이 그것이다. 그런데 덕은 인간을 이성과 관련하여 완전하게 하고, 선물은 위에서 언급된 것처럼[4] 인간을 성령의 영원한 법과 관련하여 완전하게 한다. 그러므로 인간의 의지를 올곧게 만드는 것에 속하는 것은 덕과 선물 외에는 있을 수 없다. 그러므로 참행복은 선물과 덕으로부터 구별되지 않는다.

3. 참행복이 열거된 곳에서는 부드러움, 정의, 자비가 제시된다. 그런데 이들은 일종의 덕으로 불린다. 그러므로 참행복은 선물과 덕으로부터 구별되지 않는다.

[재반론] 그러나 반대로 열거된 참행복 중에는 가난과 슬픔과 평화와 같이 덕도 선물도 아닌 것들이 있다. 그러므로 참행복은 선물과 덕으로부터 구별된다.

[답변] 위에서 언급된 것처럼[5] 참행복은 인간 삶의 궁극목적이다. 그런데 어떤 사람이 목적에 도달하리라는 희망을 갖고 있으면, 그는 이미 그 목적에 도달했다고 일컬어질 수 있다. 그래서 철학자는 『니

---

3. q.19, aa.3-4; q.21, a.1.
4. q.68, a.1 & 3sqq.
5. q.2, a.7; q.3, a.1.

I *Ethic.*,⁶ quod *pueri dicuntur beati propter spem*; et Apostolus dicit, *Rom.* 8, [24]: *Spe salvi facti sumus*. Spes autem de fine consequendo insurgit ex hoc quod aliquis convenienter movetur ad finem, et appropinquat ad ipsum, quod quidem fit per aliquam actionem. Ad finem autem beatitudinis movetur aliquis et appropinquat per operationes virtutum;⁷ et praecipue per operationes donorum, si loquamur de beatitudine aeterna, ad quam ratio non sufficit, sed in eam inducit Spiritus Sanctus, ad cuius obedientiam et sequelam per dona perficimur. Et ideo beatitudines distinguuntur quidem a virtutibus et donis, non sicut habitus ab eis distincti, sed sicut actus distinguuntur ab habitibus.

AD PRIMUM ergo dicendum quod Augustinus et Ambrosius attribuunt beatitudines donis et virtutibus, sicut actus attribuuntur habitibus. Dona autem sunt eminentiora virtutibus cardinalibus, ut supra⁸ dictum est. Et ideo Ambrosius, exponens beatitudines turbis propositas, attribuit eas virtutibus cardinalibus; Augustinus autem, exponens beatitudines discipulis propositas in monte, tanquam perfectioribus, attribuit eas donis Spiritus Sancti.

AD SECUNDUM dicendum quod ratio illa probat quod non sunt alii habitus rectificantes humanam vitam, praeter virtutes et dona.

AD TERTIUM dicendum quod mititas accipitur pro actu mansuetudinis, et similiter dicendum est de iustitia et de

---

6. c.10, 1100a3-5; S. Thomas, lect.14, n.176.

코마코스 윤리학』 제1권에서[6] "아이들은 희망 때문에 복되다고 일컬어진다."고 말하고, 사도는 로마서 8장 [24절]에서 "우리는 희망으로 구원되었다."고 말한다. 그런데 목적에 도달하리라는 희망은, 사람이 적절하게 목적을 향해 움직이고 그것에 접근할 때 생겨나는 것이다. 그것은 어떤 행위를 통해 이루어진다. 그런데 우리는 덕들의 행위를 통해[7] 복된 목적을 향해 나아가고, 영원한 참행복에 대해 말한다면 특히 선물들의 행위를 통해 거기에 접근한다. 영원한 참행복에 이르기 위해서는 이성으로 충분하지 못하고, 우리가 성령으로 움직여지고 성령의 선물들이 우리가 그분께 순종하고 따르도록 우리를 완전하게 해 주셔야 하는 것이다. 그러므로 참행복은 습성으로서가 아니라 습성에서 나오는 행위로서 덕이나 선물과 구별된다.

[해답] 1. 아우구스티누스와 암브로시우스는 마치 행위가 습성에 귀속되듯이 참행복을 선물과 덕에 귀속시킨다. 그런데 위에서 언급했듯이[8] 선물들은 사추덕보다 더 탁월하다. 그래서 암브로시우스는 군중에게 제시된 참행복을 설명하면서 이들을 사추덕에 귀속시킨다. 그에 비해 아우구스티누스는 산 위에서 제자들, 곧 더 완전한 이들에게 제시된 참행복을 설명한 후 이를 성령의 선물들에 귀속시킨다.

2. 이 같은 논거는 덕과 선물 이외에 인간의 삶을 올바르게 하는 다른 습성이 없음을 증명한다.

3. 부드러움은 온유함의 행위를 나타내고, 정의와 자비의 경우도

---

7. Cf. q.5, a.7.
8. q.68, a.8.

misericordia. Et quamvis haec videantur esse virtutes, attribuuntur tamen donis, quia etiam dona perficiunt hominem circa omnia circa quae perficiunt virtutes, ut dictum est.[9]

Articulus 2
Utrum praemia quae attribuuntur beatitudinibus, ad hanc vitam pertineant

Ad secundum sic proceditur. Videtur quod praemia quae attribuuntur beatitudinibus, non pertineant ad hanc vitam.

1. Dicuntur enim aliqui beati propter spem praemiorum, ut dictum est.[1] Sed obiectum spei beatitudo est futura. Ergo praemia ista pertinent ad vitam futuram.

2. Praeterea, Luc. 6, [25] ponuntur quaedam poenae per oppositum ad beatitudines, cum dicitur: Vae vobis qui saturati estis, quia esurietis. *Vae vobis qui ridetis nunc, quia lugebitis et flebitis.* Sed istae poenae non intelliguntur in hac vita, quia frequenter homines in hac vita non puniuntur, secundum illud *Iob* 21, [13]: *Ducunt in bonis dies suos.* Ergo nec praemia beatitudinum pertinent ad hanc vitam.

3. Praeterea, regnum caelorum, quod ponitur praemium paupertatis, est beatitudo caelestis; ut Augustinus dicit, XIX *de*

---
9. Ibid., a.2.

마찬가지이다. 이들은 덕으로 보이지만 선물에 속한다. 위에서 언급된 것처럼[9] 선물들은 덕이 인간을 완전하게 하는 그 모든 부문에서 인간을 완전하게 하기 때문이다.

제2절: 참행복에 귀속된 상급은 현세의 삶에 속하는가?

Parall.: *In Matth.*, c.5.

[반론] 둘째에 대해서는 다음과 같이 진행된다. 행복에 귀속된 상급은 현세의 삶에 속하지 않는 것으로 생각된다.

1. 이미 언급되었듯이[1] 우리는 어떤 사람들이 상급에 대한 희망 때문에 복되다고 말한다. 그런데 희망의 대상은 미래의 참행복이다. 그러므로 이 상급들은 내세의 삶에 속한다.

2. 루카복음서 6장 [25절]에서는 어떤 벌이 참행복에 대립되어 제시된다. 거기에서는 이렇게 말한다. "불행하여라. 너희 지금 배부른 사람들! 너희는 굶주리게 될 것이다. 불행하여라, 지금 웃는 사람들! 너희는 슬퍼하며 울게 될 것이다." 그러나 이 벌들은 현세의 삶에서는 이해되지 않는다. 흔히 인간은 현세의 삶에서는 벌 받지 않기 때문이다. 욥기 21장 [13절]에 따르면 "악인들은 행복한 나날을 보낸다." 그러므로 참행복의 상급도 현세의 삶에 속하지 않는다.

3. 가난에 대한 상급인 하늘나라는 아우구스티누스가 『신국론』 제

---
1. a.1.

*Civ. Dei.*² Plena etiam saturitas non nisi in futura vita habetur; secundum illud Psalmi 16, [15]: *Satiabor cum apparuerit gloria tua*. Visio etiam Dei, et manifestatio filiationis divinae, ad vitam futuram pertinent; secundum illud I Ioan. 3, [2]: *Nunc filii Dei sumus, et nondum apparuit quid erimus. Scimus quoniam cum apparuerit, similes ei erimus, quoniam videbimus eum sicuti est.* Ergo praemia illa pertinent ad vitam futuram.

SED CONTRA est quod Augustinus dicit, in libro *de Serm. Dom. in Monte:*³ *Ista quidem in hac vita compleri possunt, sicut completa esse in Apostolis credimus. Nam illa omnimoda, et in angelicam formam mutatio, quae post hanc vitam promittitur, nullis verbis exponi potest.*

RESPONDEO dicendum quod circa ista praemia expositores sacrae Scripturae diversimode sunt locuti. Quidam enim omnia ista praemia ad futuram beatitudinem pertinere dicunt, sicut Ambrosius, *super Lucam.*⁴ Augustinus vero dicit⁵ ea ad praesentem vitam pertinere. Chrysostomus autem, in suis homiliis,⁶ quaedam eorum dicit pertinere ad futuram vitam, quaedam autem ad praesentem.

---

2. Cf. XVII, c.7: PL 41, 539; *De Sermone Domini in Monte*, I, c.4: PL 34, 1231.
3. I, c.4, n.12: PL 34, 1235.

19권에서 말하듯이[2] 천상의 참행복이다. 그런데 완전한 충족은 오직 내세의 삶에서만 가질 수 있다. 시편 17[16]편 [15절]에서는 "당신 영광이 나타날 때 저는 흡족할 것입니다."라고 말한다. 하느님을 뵙는 것과 우리가 하느님의 자녀임이 드러나는 것도 내세의 삶에 속한다. 요한 1서 3장 [2절]에서는 이렇게 말한다. "이제 우리는 하느님의 자녀입니다. 우리가 어떻게 될지는 아직 드러나지 않았지만, 그분께서 나타나시면 우리도 그분처럼 되리라는 것을 알고 있습니다. 그분을 있는 그대로 뵙게 될 것이기 때문입니다." 그러므로 이 상급들은 내세의 삶에 속한다.

[재반론] 그러나 반대로 아우구스티누스는 『주님의 산상설교』에서[3] 이렇게 말한다. "우리가 사도들에서 실현되었다고 믿듯이, 이 약속들은 현세의 삶에서 실현될 수 있다. 현세의 삶 이후에 우리에게 약속된 천사의 형상으로의 총체적인 변화는 어떤 말로써도 표현될 수 없기 때문이다."

[답변] 성경의 해석자들은 이 상급에 관하여 다양하게 발언하였다. 어떤 이들은 암브로시우스가 『루카복음서 해설』[4]에서 말하듯 이 모든 상급이 내세의 참행복에 속한다고 말한다. 반면 아우구스티누스[5]는 그것이 현재의 삶에 속한다고 말한다. 크리소스토무스는 자신의 강론에서[6] 그 일부는 내세의 삶에, 일부는 현세의 삶에 속한다고 말한다.

---

4. V, c.6, vers.20: PL 15, 1649 C.
5. Loc. cit.: PL 34, 1234.
6. Homil. XV *in Matth*.: PG 57, 223.

q.69, a.2

Ad cuius evidentiam, considerandum est quod spes futurae beatitudinis potest esse in nobis propter duo, primo quidem, propter aliquam praeparationem vel dispositionem ad futuram beatitudinem, quod est per modum meriti; alio modo, per quandam inchoationem imperfectam futurae beatitudinis in viris sanctis, etiam in hac vita.[7] Aliter enim habetur spes fructificationis arboris cum virescit frondibus, et aliter cum iam primordia fructuum incipiunt apparere.

Sic igitur ea quae in beatitudinibus tanguntur tanquam merita, sunt quaedam praeparationes vel dispositiones ad beatitudinem, vel perfectam vel inchoatam. Ea vero quae ponuntur tanquam praemia, possunt esse vel ipsa beatitudo perfecta, et sic pertinent ad futuram vitam, vel aliqua inchoatio beatitudinis, sicut est in viris perfectis, et sic praemia pertinent ad praesentem vitam. Cum enim aliquis incipit proficere in actibus virtutum et donorum, potest sperari de eo quod perveniet et ad perfectionem viae, et ad perfectionem patriae.[8]

AD PRIMUM ergo dicendum quod spes est de futura beatitudine sicut de ultimo fine, potest etiam esse et de auxilio gratiae, sicut de eo quod ducit ad finem,[9] secundum illud Psalmi 27, [7]: *In Deo speravit cor meum, et adiutus sum.*

---

7. 이것들은 '정화된 영혼'의 덕들에 대해 말한 것이다. Cf. q.61, a.5, c.

이 문제를 밝히기 위해서는 내세의 참행복에 대한 희망이 우리 안에 두 가지 방식으로 있을 수 있음을 염두에 두어야 한다. 첫째로는 공로의 양태로 존재하는데, 이는 우리가 내세의 참행복을 준비하고 또 그것을 지향하는 상태를 통하여 이루어진다. 둘째로는 성인(聖人)들 안에서, 현세의 삶에서도 이미 존재하는 내세의 참행복의 불완전한 시작을 통한 것이다.[7] 아직 나뭇잎이 나오고 있을 때와 이미 나무에서 첫 열매가 나타나기 시작할 때, 나무 열매에 대한 희망은 다를 수밖에 없는 것이다.

그러므로 참행복과 관련하여 공로로 여겨지는 것은, 완전한 것이든 시초의 형태이든 참행복에 대한 준비와 참행복을 향하는 상태가 된다. 한편 참행복에서 상급으로 제시되는 것은 내세의 삶에 속하는 완전한 참행복일 수도 있고, 완전한 사람들 안에 존재하는 참행복의 시초일 수도 있다. 후자의 경우 이 상급은 현세의 삶에 속한다. 실상 어떤 사람이 덕과 선물의 행위에서 진보하기 시작할 때에는, 도상(途上)에서의 완전함(ad perfectionem viae)과 하늘나라의 시민으로서의 완전함에 도달할 것이라 희망하게 되는 것이다.[8]

[해답] 1. 희망은 궁극목적인 내세의 참행복을 대상으로 한다. 그러나 희망은 또한 그 목적을 위한 수단인 은총의 도움을 대상으로 할 수도 있다.[9] 그에 따라 시편 28(27)편 [7절]에서는 "내 마음은 하느님 안에 희망을 가졌고 그리고 도움을 받았다."고 말한다.

---

8. Cf. II-II, q.24, aa.7-9.
9. Cf. II-II, q.17, a.1.

AD SECUNDUM dicendum quod mali, etsi interdum in hac vita temporales poenas non patiantur, patiuntur tamen spirituales. Unde Augustinus dicit, in I *Confess.*:[10] *Iussisti, Domine, et sic est, ut poena sibi sit inordinatus animus.* Et Philosophus dicit, in IX *Ethic.*,[11] de malis, quod *contendit ipsorum anima, et hoc quidem huc trahit, illud autem illuc*; et postea concludit:[12] *Si autem sic miserum est malum esse, fugiendum est malitiam intense.*—Et similiter e converso boni, etsi in hac vita quandoque non habeant corporalia praemia, nunquam tamen deficiunt a spiritualibus, etiam in hac vita; secundum illud Matth. 19, [29] et Marc. 10, [30]: *Centuplum accipietis etiam in hoc saeculo.*[13]

AD TERTIUM dicendum quod omnia illa praemia perfecte quidem consummabuntur in vita futura, sed interim etiam in hac vita quodammodo inchoantur. Nam regnum caelorum, ut Augustinus dicit,[14] potest intelligi perfectae sapientiae initium, secundum quod incipit in eis spiritus regnare. Possessio etiam terrae significat affectum bonum animae requiescentis per desiderium in stabilitate haereditatis perpetuae, per terram significatae. Consolantur autem in hac vita, Spiritum Sanctum, qui *Paracletus,* idest Consolator, dicitur, participando.[15]

---

10. c.12: PL 32, 670.
11. c.4, 1166b19-22; S. Thomas, lect.4, n.1817.
12. Ibid., 1166b27-29; S. Thomas, lect.4, n.1819.
13. 불가타역은 다음과 같다. 마태 19,29: 'centuplum accipiet et vitam aeternam possidebit.' 마르 10,30: 'non accipiat centies tantum nunc in tempore hoc et in

2. 악인들이 때로 현세의 삶 안에서 현세적 벌의 고통을 받지 않는다 하더라도, 그들은 영적인 벌의 고통을 받는다. 그래서 아우구스티누스는 『고백록』 제1권에서,[10] "주님이시여, 당신께서 명령하셨기에 혼란한 마음 자체가 이미 그 자신에게 징벌인 상황입니다."라고 말한다. 또한 철학자는 『니코마코스 윤리학』 제9권에서[11] 악인들에 대하여, "그들의 영혼은 갈라져 있다. 한편에서는 이쪽으로 잡아당기고 다른 편에서는 저쪽으로 잡아당긴다."고 말하고, "악인의 처지가 그렇게 비참한 것이라면, 전력을 다해서 악을 피해야 할 것이다."라고 결론짓는다.[12] — 반면 선인들은, 때로는 현세의 삶 안에서 물질적 상급을 받지 못하지만 영적인 상급은 결코 결핍되지 않는다. 마태오복음서 19장 [29절]과 마르코복음서 10장 [30절]에 따르면, 현세에서도 백배를 받을 것이다.[13]

3. 이 모든 상급들은 내세의 삶 안에서는 완전하게 될 것이지만, 그때까지 현세의 삶 안에서도 어떤 방식으로 시작된다. 아우구스티누스가 말하듯이[14] "하늘나라"는 그들 안에서 영이 다스리기 시작한다는 한에서 완전한 지혜의 시작(perfectae sapientiae initium)을 나타내는 것으로 이해할 수 있기 때문이다. 또한 땅을 소유하는 것은, 땅이 의미하는 영원한 유산 안에 갈망이 확고하게 자리 잡음으로써 영혼이 평안한 상태에 있음(affectum bonum animae)을 의미한다. 또한 그들은 파라클레이토스(Paracletus), 곧 위로자로 불리는 성령께 참여함으로써 "위로를 받는다."[15] 그리고 그들은 현세에서도 "배부르게" 되

---

saeculo futuro vitam aeternam.'
14. *De Sermone Domini in Monte*, c.4: PL 34, 1235.
15. Cf. II-II, q.9, a.4, ad1.

Saturantur etiam in hac vita illo cibo de quo Dominus dicit:[16] *Meus cibus est ut faciam voluntatem patris mei.*[17] In hac etiam vita consequuntur homines misericordiam Dei. In hac etiam vita, purgato oculo per donum intellectus, Deus quodammodo videri potest.[18] Similiter etiam in hac vita qui motus suos pacificant, ad similitudinem Dei accedentes, filii Dei nominantur.[19]—Tamen haec perfectius erunt in patria.[20]

Articulus 3
Utrum convenienter enumerentur beatitudines

Ad tertium sic proceditur. Videtur quod inconvenienter enumerentur beatitudines.

1. Attribuuntur enim beatitudines donis, ut dictum est.[1] Donorum autem quaedam pertinent ad vitam contemplativam, scilicet sapientia et intellectus, nulla autem beatitudo ponitur in actu contemplationis, sed omnes in his quae pertinent ad vitam activam. Ergo insufficienter beatitudines enumerantur.

2. Praeterea, ad vitam activam non solum pertinent dona exequentia; sed etiam quaedam dona dirigentia, ut scientia

---

16. 요한 4,34.
17. 불가타역: 'Meus cibus est, ut faciam voluntatem eius, qui misit me.'
18. Cf. II-II, q.8, a.7.
19. Cf. II-II, q.45, a.6.

는데, 그 음식에 대하여 주님께서는[16] "내 양식은 내 아버지의 뜻을 이루는 것"이라고 말씀하신다.[17] 또한 그들은 현세의 삶 안에서 하느님의 "자비를 입는다." 그리고 통찰의 선물을 통해 눈이 깨끗해져 어떤 식으로 "하느님을 뵙게" 된다.[18] 마찬가지로, 이 현세의 삶 안에서 자신의 정념들을 "평화롭게 하는" 이들은 하느님을 닮게 되어 심지어 "하느님의 자녀라 불린다."[19] 하지만 이들은 본향에서 더 완전하게 이루어질 것이다.[20]

제3절: 참행복은 적절하게 열거되었는가?

Parall.: *In Sent.*, III, d.34, q.1, a.4; *In Matth.*, c.5.

[반론] 셋째에 대해서는 다음과 같이 진행된다. 참행복은 적절하게 열거되지 않은 것으로 생각된다.

1. 이미 언급된 것처럼[1] 참행복은 선물들에 귀속된다. 그런데 선물들 중 어떤 것들, 곧 지혜와 통찰은 관상생활에 속한다. 하지만 참행복들은 어느 것도 관조 행위 안에 속하지 않으며 모두 활동생활에 속한다. 그러므로 참행복은 불충분하게 열거되었다.

2. 활동생활에는 실행하는 선물들뿐 아니라 지식과 의견처럼 지도하는 선물들도 속한다. 그런데 참행복 중에 그 어느 것도 지식이나

---

20. Cf. a.4, ad3.

1. a.1, ad1.

et consilium. Nihil autem ponitur inter beatitudines quod directe ad actum scientiae vel consilii pertinere videatur. Ergo insufficienter beatitudines tanguntur.

3. Praeterea, inter dona exequentia in vita activa, timor ponitur ad paupertatem pertinere; pietas autem videtur pertinere ad beatitudinem misericordiae. Nihil autem ponitur directe ad fortitudinem pertinens. Ergo insufficienter enumerantur beatitudines.

4. Praeterea, in sacra Scriptura tanguntur multae aliae beatitudines, sicut *Iob* 5, [17] dicitur: *Beatus homo qui corripitur a Domino*; et in Psalmo 1, [1]: *Beatus vir qui non abiit in consilio impiorum*; et *Proverb.* 3, [13]: *Beatus vir qui invenit sapientiam.*[2] Ergo insufficienter beatitudines enumerantur.

SED CONTRA,[3] 5. Videtur quod superflue enumerentur. Sunt enim septem dona Spiritus Sancti. Beatitudines autem tanguntur octo.

6. Praeterea, Luc. 6, [20sqq.] ponuntur quatuor tantum beatitudines. Superflue ergo enumerantur septem, vel octo, in Matthaeo [5,3sqq.].

---

2. 불가타역: 'Beatus homo, qui invenit sapientiam.'
3. 『신학대전』에는 예컨대 제2부 제1편 제19문 제10절의 경우처럼 (앞의 여러 '반론'들이 취하는 입장과는 반대되는 입장을 취하는) '재반론'(sed contra) 부분에도 (흔히 단 하나의 전거만 제시하던 관행을 깨고) 몇 가지 전거를 제시하고 뒤에 가

의견의 행위에 직접 연결되지 않는 것으로 보인다. 그러므로 참행복들은 불충분하게 서술되었다.

3. 활동생활에 속하는 실행하는 선물들 중 두려움은 가난에 상응하는 것으로 상정되고, 효경은 자비의 참행복에 상응하는 것으로 보인다. 그러나 용기에 직접적으로 상응하는 것으로 보이는 것은 없다. 그러므로 참행복은 불충분하게 열거되었다.

4. 성경에는 많은 다른 참행복들이 언급되었다. 욥기 5장 [17절]에서는 "주님으로부터 꾸짖음을 받는 사람은 복되다."라고 말하고, 시편 1편 [1절]에서는 "악인들의 뜻에 따라 걷지 않는 이는 복되다."라고 말하며, 잠언 3장 [13절]에서는 "지혜를 발견하는 사람은 복되다."[2]고 말한다. 그러므로 참행복은 불충분하게 열거되었다.

[재반론] 그러나 반대로[3]

5. 참행복은 지나치게 많이 열거되었다. 성령의 선물들은 일곱인데 참행복은 여덟 가지가 제시되었기 때문이다.

6. 루카복음서 6장 [20절 이하]에서는 단지 네 가지 행복이 제시되었다. 그러므로 마태오복음서 [5장 3절 이하]에 열거된 일곱 혹은 여덟 가지 참행복은 지나치게 많은 것이다.

서 그에 대해 일일이 해답을 제시하는 경우가 간혹 있다.(참조: 토마스 아퀴나스, 『신학대전 제18권(I-II, 18-21): 도덕성의 원리』, 이재룡 옮김, 2019, 160쪽 각주 3번) 그러나 이곳(제69문)의 경우에는 그와도 또 달리 아예 '반론들'과 반대되는 입장을 취하는 '재반론'이라는 형식적 틀만 남기고 실제적인 재반론은 생략한 채, '반론'의 '다양한' 면을 제시하는 것으로 대체하고 있다. 이어지는 '해답' 참조.

q.69, a.3

RESPONDEO dicendum quod beatitudines istae convenientissime enumerantur. Ad cuius evidentiam, est considerandum quod triplicem beatitudinem aliqui posuerunt, quidam enim posuerunt beatitudinem in vita voluptuosa; quidam in vita activa; quidam vero in vita contemplativa.[4] Hae autem tres beatitudines diversimode se habent ad beatitudinem futuram, cuius spe dicimur hic beati. Nam beatitudo voluptuosa, quia falsa est et rationi contraria, impedimentum est beatitudinis futurae. Beatitudo vero activae vitae dispositiva est ad beatitudinem futuram.[5] Beatitudo autem contemplativa, si sit perfecta, est essentialiter ipsa futura beatitudo, si autem sit imperfecta, est quaedam inchoatio eius.

Et ideo Dominus primo quidem posuit quasdam beatitudines quasi removentes impedimentum voluptuosae beatitudinis. Consistit enim voluptuosa vita in duobus. Primo quidem, in affluentia exteriorum bonorum, sive sint divitiae, sive sint honores. A quibus quidem retrahitur homo per virtutem sic ut moderate eis utatur, per donum autem excellentiori modo, ut scilicet homo totaliter ea contemnat. Unde prima beatitudo ponitur, *Beati pauperes spiritu*, quod potest referri vel ad contemptum divitiarum; vel ad contemptum honorum, quod fit per humilitatem.—Secundo vero voluptuosa vita consistit in sequendo proprias passiones, sive irascibilis sive concupiscibilis.

---

4. Cf. q.3, a.2, ad1 II-II, q.179, a.2, ad1, ad3; q.181, a.1-2; *De virtutibus*, q.5, a.1, c; Aristoteles, *Ethic. Nichom*, I, c.3, 1095b16-19; S. Thomas, lect.5, nn.55-59.

5. Cf. q.3, a.5.

[답변] 이 참행복들은 가장 적절하게 열거되었다. 그것을 입증하기 위해서는 사람들이 세 가지 참행복을 설파(說破)하였음을 유념해야 한다. 어떤 이들은 행복이 쾌락적인 삶(vita voluptuosa) 안에, 어떤 이들은 활동생활 안에, 어떤 이들은 관상생활 안에 있다고 설파하였다.[4] 이 세 가지 참행복들은 내세의 참행복에 서로 다른 방식으로 관계하는데, 우리는 그것을 희망함으로써 현세에서도 복되다고 일컬어진다. 쾌락적인 참행복(beatitudo voluptuosa)은 거짓되고 이성에 반대되기 때문에 내세의 참행복에 이르는 것을 방해한다. 활동생활 안에서의 참행복은 내세의 참행복을 지향하는 상태이다.[5] 그런데 관상적인 참행복은 만일 그것이 완전하다면 본질적으로 내세의 참행복 자체이고 만일 그것이 불완전하다면 내세의 참행복의 시작이다.

그러므로 주님께서는 처음에 쾌락적인 참행복이라는 방해를 제거하는 몇 가지 참행복들을 제시하셨다. 쾌락적인 삶은 두 가지로 이루어진다. 그 하나는 부(富)가 되었든 명예가 되었든 외적인 선의 풍요로움이다. 인간은 덕을 통해 그것들로부터 멀어져 그것들을 지나치지 않게 사용하게 되고, 선물을 통해서는 더 탁월한 양식으로 멀어져 그것들을 완전히 경멸하게 된다. 그러므로 첫째, 참행복으로 "영으로 가난한 자는 행복하다."는 것이 설정된다. 그것은 부를 경멸하거나 명예를 경멸하는 것을 지칭할 수 있는데, 이는 겸손을 통해 이루어진다.―둘째, 쾌락적인 삶은 분노적 욕구(appetitus irascibilis)에 속하는 것이든 욕정적 욕구(appetitus concupiscibilis)에 속하는 것이든 자신의 정념을 따르는 데에 있다. 그런데 덕을 통하여 인간은 분노적 욕구의 정념들에서 멀어져 이성의 척도에 따르고, 선물을 통해서는 더 탁월한 방식으로 멀어져 하느님의 뜻을 따라 그 정념들로부터 완

A sequela autem passionum irascibilis, retrahit virtus ne homo in eis superfluat, secundum regulam rationis, donum autem excellentiori modo, ut scilicet homo, secundum voluntatem divinam, totaliter ab eis tranquillus reddatur. Unde secunda beatitudo ponitur, *Beati mites.*—A sequela vero passionum concupiscibilis, retrahit virtus, moderate huiusmodi passionibus utendo, donum vero, eas, si necesse fuerit, totaliter abiiciendo; quinimmo, si necessarium fuerit, voluntarium luctum assumendo. Unde tertia beatitudo ponitur, *Beati qui lugent.*

Activa vero vita in his consistit praecipue quae proximis exhibemus, vel sub ratione debiti, vel sub ratione spontanei beneficii. Et ad primum quidem nos virtus disponit, ut ea quae debemus proximis, non recusemus exhibere, quod pertinet ad iustitiam. Donum autem ad hoc ipsum abundantiori quodam affectu nos inducit, ut scilicet ferventi desiderio opera iustitiae impleamus, sicut ferventi desiderio esuriens et sitiens cupit cibum vel potum. Unde quarta beatitudo ponitur, *Beati qui esuriunt et sitiunt iustitiam.*—Circa spontanea vero dona nos perficit virtus ut illis donemus quibus ratio dictat esse donandum, puta amicis aut aliis nobis coniunctis, quod pertinet ad virtutem liberalitatis. Sed donum, propter Dei reverentiam, solam necessitatem considerat in his quibus gratuita beneficia praestat, unde dicitur Luc. 14, [12-13]: *Cum facis prandium aut coenam, noli vocare amicos neque fratres tuos etc., sed voca pauperes et debiles* etc.:[6] quod proprie est

전히 평안함을 이루게 된다. 그러므로 둘째 참행복으로 "온유한 사람은 행복하다."는 것이 설정된다.— 한편 덕은 욕정적 욕구의 정념들을 적절히 사용함으로써 그 정념들의 추구로부터 벗어나고, 선물은 필요하다면 그것들을 완전히 없애 버린다. 그뿐 아니라, 필요한 경우 선물은 자발적으로 슬픔을 떠맡는다. 그래서 셋째 참행복은 "슬퍼하는 사람은 행복하다."이다.

이에 비하여 활동생활은, 그것이 의무에 근거하든, 아니면 자발적인 호의에 근거하든 이웃에게 베푸는 것과 관련된다. 전자와 관련하여 덕은 우리로 하여금 이웃에게 마땅히 주어야 할 것을 거부하지 않게 만드는데, 이는 정의(正義, iustitia)에 속한다. 이에 비해 선물은 더 강렬한 정감을 가지고, 마치 주리고 목마른 사람이 불타는 갈망으로 음식과 물을 탐하듯 불타는 갈망으로 정의의 행위를 하게 한다. 그러므로 넷째 참행복은 "정의에 주리고 목마른 사람은 행복하다."는 것이다.— 자발적인 호의와 관련하여 덕은 우리를 완성하여 이성이 우리에게 베풀라고 지시한 사람들, 즉 친구들이나 우리와 연관된 사람들에게 베풀게 한다. 이는 관대함(liberalitas)에 속한다. 그런데 선물은 우리로 하여금 하느님에 대한 존경 때문에 무상의 호의를 받아야 할 그 사람들의 궁핍함만을 생각하게 한다. 그래서 루카복음서 14장 [12-13절]에서는 "네가 점심이나 저녁 식사를 베풀 때, 친구나 네 형제를 부르지 마라…. 네가 잔치를 베풀 때는 오히려 가난한 이들, 장애인들을 초대하여라."[6]라고 말하고, 이것이 고유한 의미에서 자비이다. 그러므로 다섯째 참행복으로 "자비로운 사람은 행복하다."가

---

6. 불가타역: 'Cum facis prandium aut cenam, noli vocare amicos tuos neque fratres tuos… Voca pauperes, debiles.'

misereri. Et ideo quinta beatitudo ponitur, *Beati misericordes.*

Ea vero quae ad contemplativam vitam pertinent, vel sunt ipsa beatitudo finalis, vel aliqua inchoatio eius, et ideo non ponuntur in beatitudinibus tanquam merita, sed tanquam praemia. Ponuntur autem tanquam merita effectus activae vitae, quibus homo disponitur ad contemplativam vitam. Effectus autem activae vitae, quantum ad virtutes et dona quibus homo perficitur in seipso, est munditia cordis, ut scilicet mens hominis passionibus non inquinetur. Unde sexta beatitudo ponitur, *Beati mundo corde.* Quantum vero ad virtutes et dona quibus homo perficitur in comparatione ad proximum, effectus activae vitae est pax; secundum illud Isaiae 32, [17]: *Opus iustitiae pax.* Et ideo septima beatitudo ponitur, *Beati pacifici.*

AD PRIMUM ergo dicendum quod actus donorum pertinentium ad vitam activam, exprimuntur in ipsis meritis, sed actus donorum pertinentium ad vitam contemplativam, exprimuntur in praemiis, ratione iam[7] dicta. Videre enim Deum respondet dono intellectus;[8] et conformari Deo quadam filiatione adoptiva, pertinet ad donum sapientiae.[9]

AD SECUNDUM dicendum quod in his quae pertinent ad activam vitam, cognitio non quaeritur propter seipsam, sed propter operationem, ut etiam Philosophus dicit, in II *Ethic.*[10]

---

7. 본론.

설정된다.

관상생활에 속하는 것은 그 자체가 궁극적인 참행복이든지 아니면 그런 행복의 시초이다. 그러므로 이들은 공로로서가 아니라 상급으로서 참행복들에 언급된다. 반면 활동생활의 결과가 공로로 제시되는데 이로써 인간은 관상생활을 지향하는 상태에 있게 된다. 활동생활의 결과들 가운데, 인간을 그 자신 안에서 완성시키는 덕과 선물에 관련되는 것은 마음의 깨끗함이다. 이는 인간의 정신이 정념에 의하여 더럽혀지지 않게 하는 것을 말한다. 그러므로 여섯째 참행복으로 "마음이 깨끗한 사람은 행복하다."는 것이 설정된다. 한편 인간을 이웃과의 관계에서 완성시키는 덕과 선물에 관련하여, 활동생활의 결과는 평화이다. 이사야서 32장 [17절]에서는 "정의의 결과는 평화"라고 말하고 있다. 그러므로 일곱째 참행복으로 "평화를 이룩하는 사람은 행복하다."가 설정된다.

[해답] 1. 활동생활에 속하는 선물의 행위는 공로 자체 안에(in ipsis meritis) 표현된다. 그러나 관상생활에 속하는 선물의 행위는 이미 언급된 근거에 따라[7] 상급 안에(in praemiis) 표현된다. 즉 하느님을 뵙는 것은 통찰의 선물(donum intellectus)에 상응하고,[8] 자녀로의 입양을 통하여 하느님과 같은 형상을 갖게 되는 것은 지혜의 선물(donum sapientiae)에 상응한다.[9]

2. 철학자가 『니코마코스 윤리학』 제2권에서 말하듯이,[10] 활동생활에 속하는 것들 안에서 지식은 그 자체로 추구되는 것이 아니라 [다

---

8. Cf. II-II, q.8, a.7.
9. Cf. II-II, q.45, a.6.
10. c.2, 1103b27-31; S. Thomas, lect.2, nn.255-256.

Et ideo, quia beatitudo aliquid ultimum importat, non computantur inter beatitudines actus donorum dirigentium in vita activa, quos scilicet eliciunt, sicut consiliari est actus consilii, et iudicare est actus scientiae, sed magis attribuuntur eis actus operativi in quibus dirigunt, sicut scientiae lugere,[11] et consilio misereri.[12]

AD TERTIUM dicendum quod in attributione beatitudinum ad dona, possunt duo considerari. Quorum unum est conformitas materiae. Et secundum hoc, omnes primae quinque beatitudines possunt attribui scientiae et consilio, tanquam dirigentibus. Sed inter dona exequentia distribuuntur, ita scilicet quod esuries et sitis iustitiae, et etiam misericordia, pertineant ad pietatem, quae perficit hominem in his quae sunt ad alterum;[13] mititas autem ad fortitudinem, dicit enim Ambrosius, *super Lucam*,[14] quod *fortitudinis est iram vincere, indignationem cohibere*, est enim fortitudo circa passiones irascibilis; paupertas vero et luctus ad donum timoris, quo homo se retrahit a cupiditatibus et delectationibus mundi.[15]

Alio modo possumus in his beatitudinibus considerare motiva ipsarum, et sic, quantum ad aliqua eorum, oportet aliter attribuere. Praecipue enim ad mansuetudinem movet reverentia ad Deum; quae pertinet ad pietatem.[16] Ad lugendum autem movet

---

11. Cf. II-II, q.9, a.4.
12. Cf. II-II, q.52, a.4.

른] 작용을 위해서 추구된다. 그런데 참행복은 어떤 궁극적인 것을 의미하므로, 활동생활 안에서 지도하는 역할을 하는 선물들로부터 나오는 행위들, 예를 들어 의견의 행위인 숙고나 지식의 행위인 판단 등은 참행복에 포함될 수 없다. 오히려 선물에 의해 지도받는 작용적인 행위(actus operativi)가, 예를 들어 지식의 지도를 받는 슬픔이나[11] 의견으로부터 지도를 받는 자비가 참행복에 속한다.[12]

3. 참행복을 선물들에 귀속시킬 때 두 가지를 고려할 수 있다. 그 하나는 질료의 일치(conformitas materiae)이다. 이에 따르면 처음의 다섯 가지 참행복은 그들을 지도하는 지식과 의견에 귀속된다. 그러나 이들은 실행하는 선물들에 따라서는 배분된다. 그러므로 정의에 굶주리고 목말라하는 것과 자비는 다른 사람과의 관계에서 인간을 완성시키는 것인 효경에 귀속된다.[13] 부드러움은 용기에 속하는데, 암브로시우스가 『루카복음서 해설』에서[14] 말하듯이, "분노를 제압하고 분개를 가라앉히는 것은 용기에 속하기" 때문이다. 실상 용기는 분노적 정념들(passiones irascibilis)과 관계한다. 가난과 슬픔은 두려움의 선물에 속하는바, 그를 통해 인간은 세상의 탐욕과 쾌락으로부터 손을 뗀다.[15]

다른 방식으로 우리는 참행복들에서 그 동인(動因)을 고려할 수 있다. 그렇게 할 경우 그들 일부는 달리 배열되어야만 한다. 부드러워지게 하는 주된 동인은 하느님에 대한 존경인데 이는 효경에 속한다.[16] 슬픔으로 움직이는 주된 동인은 지식으로, 그것을 통해 인간은

---

13. Cf. II-II, q.121, a.2.
14. V, c.6, 22: PL 15, 1654 B.
15. Cf. II-II, q.19, a.12.
16. Cf. II-II, q.121, a.2.

praecipue scientia, per quam homo cognoscit defectus suos et rerum mundanarum;[17] secundum illud *Eccle.* 1, [18]: *Qui addit scientiam, addit et dolorem.*[18] Ad esuriendum autem iustitiae opera, praecipue movet animi fortitudo.[19] Ad miserendum vero praecipue movet consilium Dei;[20] secundum illud *Dan.* 4, [24]: *Consilium meum regi placeat, peccata tua eleemosynis redime, et iniquitates tuas misericordiis pauperum.*—Et hunc modum attributionis sequitur Augustinus, in libro *de Serm. Dom. in Monte.*[21]

AD QUARTUM dicendum quod necesse est beatitudines omnes quae in sacra Scriptura ponuntur, ad has reduci vel quantum ad merita, vel quantum ad praemia, quia necesse est quod omnes pertineant aliquo modo vel ad vitam activam, vel ad vitam contemplativam. Unde quod dicitur, *Beatus vir qui corripitur a Domino*, pertinet ad beatitudinem luctus. Quod vero dicitur, *Beatus vir qui non abiit in consilio impiorum*, pertinet ad munditiam cordis. Quod vero dicitur, *Beatus vir qui invenit sapientiam*, pertinet ad praemium septimae beatitudinis. Et idem patet de omnibus aliis quae possunt induci.

AD QUINTUM[22] dicendum quod octava beatitudo est quaedam confirmatio et manifestatio omnium praecedentium. Ex hoc enim quod aliquis est confirmatus in paupertate spiritus

---

17. Cf. II-II, q.9, a.4.
18. 불가타역: 'qui addit scientiam, addit et laborem.'
19. Cf. II-II, q.139, a.2.

자신의 결점과 세상사의 문제점을 인식한다.[17] 코헬렛 1장 [18절]에서는 "지식을 늘리는 사람은 근심도 늘린다."[18]고 말한다. 정의로운 행위에 대해 굶주리게 하는 주된 동인은 영혼의 용기이다.[19] 자비로워지게 하는 주된 동인은 하느님의 권고(consilium Dei)이다.[20] 다니엘서 4장 [24절]에서는 "저의 조언이 임금님께 받아들여지기를 바랍니다. 의로운 일을 하시어 죄를 벗으시고, 가난한 이들에게 자비를 베푸시어 불의를 벗으십시오."라고 말한다.―아우구스티누스는 『주님의 산상설교』에서[21] 이 같은 방식의 분류를 따른다.

4. 성경에 제시된 모든 참행복들은 공로로서든 아니면 상급으로서든 이것들[여덟 가지 참행복들]로 환원되어야 한다. 모든 참행복들은 활동생활에 속하든지 혹은 관상생활에 속해야 하기 때문이다. 그러므로 "주님께로부터 꾸짖음을 받은 사람은 행복하다."라고 말할 때, 그것은 슬픔의 참행복에 속한다. "악인들의 뜻에 따라 걷지 않는 이는 행복하다."라고 말할 때, 그것은 마음이 깨끗함에 속한다. "지혜를 발견하는 이는 행복하다."라고 말할 때, 그것은 일곱째 참행복의 상급에 속한다. 인용될 수 있는 모든 것들에 대하여 이렇게 말할 수 있다.

5.[22] 여덟째 참행복은 앞선 모든 참행복들을 확고히 그리고 명백히 한 것이다. 어떤 사람이 영의 가난함과 온유함 안에서, 그리고 나머지 것들 안에서 확고하다면, 그는 박해 때문에 이들로부터 멀어지는

---

20. Cf. II-II, q.52, a.4.
21. I, c.4: PL 34, 1234.
22. Cf. a.1, ad1.

et mititate et aliis sequentibus, provenit quod ab his bonis propter nullam persecutionem recedit. Unde octava beatitudo quodammodo ad septem praecedentes pertinet.[23]

AD SEXTUM[24] dicendum quod Lucas narrat sermonem Domini factum esse ad turbas.[25] Unde beatitudines numerantur ab eo secundum capacitatem turbarum, quae solam voluptuosam et temporalem et terrenam beatitudinem noverunt.[26] Unde Dominus per quatuor beatitudines quatuor excludit quae ad praedictam beatitudinem pertinere videntur. Quorum primum est abundantia bonorum exteriorum, quod excludit per hoc quod dicit, *Beati pauperes.*—Secundum est quod sit bene homini quantum ad corpus, in cibis et potibus et aliis huiusmodi, et hoc excludit per secundum quod ponit, *Beati qui esuritis.*—Tertium est quod sit homini bene quantum ad cordis iucunditatem, et hoc excludit tertio, dicens, *Beati qui nunc fletis.*—Quartum est exterior hominum favor, et hoc excludit quarto, dicens, *Beati eritis cum vos oderint homines.*—Et sicut Ambrosius dicit,[27] *paupertas pertinet ad temperantiam, quae illecebrosa non quaerit; esuries ad iustitiam, quia qui esurit, compatitur, et, compatiendo, largitur; fletus ad prudentiam, cuius est flere occidua; pati odium hominum, ad fortitudinem.*

---

23. Cf. a.4, ad2.
24. '재반론' 6.
25. 6장 7절 참조.

일이 없다. 그러므로 여덟째 참행복은 어떤 방식으로 앞의 일곱 가지 참행복들에 속한다.[23]

6.[24] 루카는 주님의 설교가 군중을 대상으로 한 것이라고 전한다.[25] 그러므로 주님은 단지 지상적이고 현세적인 쾌락의 참행복만 아는 군중의 수준에 따라 참행복을 열거하셨다.[26] 그러므로 주님은 네 가지 참행복을 통하여 그러한 행복에 속하는 것으로 보이는 네 가지를 배제하신다. 그중의 첫째는 외적 선의 풍족함이다. 주님은 "행복하여라, 가난한 사람들!"이라고 말씀하심으로써 그것을 배제하신다.—둘째는 먹고 마시는 것 등에서 육체와 관련하여 잘 지내는 것이다. 주님은 둘째로 "행복하여라, 너희 지금 굶주리는 사람들!"이라고 말씀하심으로써 그것을 배제하신다.—셋째는 마음이 유쾌함과 관련하여 인간에게 좋은 것이다. 주님은 셋째로 "행복하여라, 너희 지금 우는 사람들!"이라고 말씀하심으로써 그것을 배제하신다.—넷째는 사람들로부터 받는 외적인 호의(好意, favor)이다. 주님은 넷째로 "사람들이 너희를 미워하면 너희는 행복하다."라고 말씀하심으로써 그것을 배제하신다.—그리고 암브로시우스가 말하듯이[27] "가난함은 매혹적인 것(illecebrosa)을 찾지 않는 절제에 속한다. 나아가 굶주림은 정의에 속하는데, 그것은 굶주리는 사람은 [다른 사람들에 대해] 동정하기 때문이며 그리고 동정함으로써 [다른 사람들에게] 관대해지기 때문이다. 슬퍼함은 현명에 속하는데, 그것은 덧없는 것들에 대해 탄식한다. 그리고 사람들로부터의 미움을 감내하는 것은 용기에 속한다."

---

26. Cf. a.1, ad1.
27. Loc. cit.: PL 15, 1654 AB. Cf. a.1, ad1.

Articulus 4
Utrum praemia beatitudinum convenienter enumerentur

Ad quartum sic proceditur. Videtur quod praemia beatitudinum inconvenienter enumerentur.

1. In regno enim caelorum, quod est vita aeterna, bona omnia continentur. Posito ergo regno caelorum, non oportuit alia praemia ponere.

2. Praeterea, regnum caelorum ponitur pro praemio et in prima beatitudine et in octava. Ergo, eadem ratione, debuit poni in omnibus.

3. Praeterea, in beatitudinibus proceditur ascendendo, sicut Augustinus dicit.[1] In praemiis autem videtur procedi descendendo, nam possessio terrae est minus quam regnum caelorum. Ergo inconvenienter huiusmodi praemia assignantur.

SED CONTRA est auctoritas ipsius Domini, praemia huiusmodi proponentis.[2]

RESPONDEO dicendum quod praemia ista convenientissime assignantur, considerata conditione beatitudinum secundum tres beatitudines supra[3] assignatas. Tres enim primae beatitudines

---

1. *De Sermone Domini in Monte*, I, c.4: PL 34, 1234.
2. 마태 5,3 이하; 루카 6,20 이하.

제4절: 참행복의 상급들은 적절히 열거되었는가?

Parall.: *In Sent*., III, d.34, q.1, a.4.

[반론] 넷째에 대해서는 다음과 같이 진행된다. 참행복의 상급들은 부적절하게 열거된 것으로 생각된다.

1. 영원한 삶인 하늘나라는 모든 선들을 포함한다. 그러므로 하늘나라가 제시된 다음에는 다른 상급이 제시되지 말았어야 한다.

2. 하늘나라는 첫째 참행복과 여덟째 참행복에서 상급으로 제시되었다. 그러므로 같은 이유로 그것은 모든 참행복들에서 상급으로 제시되었어야 했다.

3. 아우구스티누스가 말하듯이[1] 참행복은 위로 상승하는 순서로 진행된다. 그런데 상급들은 아래로 하강하는 순서로 진행되는 것으로 보인다. 왜냐하면 땅을 소유하는 것은 하늘나라보다 못하기 때문이다. 그러므로 이 상급들은 부적절하게 열거되었다.

[재반론] 그러나 반대로 이같이 상급을 제시하신 주님 자신의 권위가 있다.[2]

[답변] 이 상급들은 위에서 적시된[3] 행복의 세 종류와 연관하여 참행복의 조건을 고려함으로써 매우 적절하게 적시되었다. 앞의 세 가지 참행복들은 쾌락적인 참행복을 구성하는 것으로부터 멀어지는 것에서 비롯된다. 이 행복은 인간이 자신의 본성적 갈망의 대상을

---

3. a.3.

accipiuntur per retractionem ab his in quibus voluptuosa beatitudo consistit, quam homo desiderat quaerens id quod naturaliter desideratur, non ubi quaerere debet, scilicet in Deo, sed in rebus temporalibus et caducis. Et ideo praemia trium primarum beatitudinum accipiuntur secundum ea quae in beatitudine terrena aliqui quaerunt. Quaerunt enim homines in rebus exterioribus, scilicet divitiis et honoribus, excellentiam quandam et abundantiam, quorum utrumque importat regnum caelorum, per quod homo consequitur excellentiam et abundantiam bonorum in Deo. Et ideo regnum caelorum Dominus pauperibus spiritu repromisit.—Quaerunt autem homines feroces et immites per litigia et bella securitatem sibi acquirere, inimicos suos destruendo. Unde Dominus repromisit mitibus securam et quietam possessionem terrae viventium, per quam significatur soliditas aeternorum bonorum.—Quaerunt autem homines in concupiscentiis et delectationibus mundi, habere consolationem contra praesentis vitae labores. Et ideo Dominus consolationem lugentibus repromittit.

Aliae vero duae beatitudines pertinent ad opera activae beatitudinis, quae sunt opera virtutum ordinantium hominem ad proximum, a quibus operibus aliqui retrahuntur propter inordinatum amorem proprii boni. Et ideo Dominus attribuit illa praemia his beatitudinibus, propter quae homines ab eis discedunt. Discedunt enim aliqui ab operibus iustitiae,

마땅히 찾아야 할 곳에서, 곧 하느님 안에서 찾지 않고 현세적이고 덧없는 사물 안에서 찾으면서 갈망하는 것이다. 그러므로 처음의 세 참행복의 상급은 어떤 이들이 지상의 행복에서 찾는 것들에 상응한다. 사람들은 외적인 것들, 곧 부와 명예 안에서 어떤 탁월함과 풍족함을 찾는다. 이 두 가지는 모두 하늘나라에 포함되어 있다. 하늘나라로써 인간은 하느님 안에서 선(bonum)의 탁월함과 풍족함을 얻는 것이다. 그러므로 주님께서는 영이 가난한 자들에게 하늘나라를 약속하셨다.―그런데 잔인하고 난폭한 사람들은 분쟁과 전쟁을 통하여 자신들의 적들을 제거함으로써 안전을 확보하고자 한다. 그러므로 주님께서는 온유한 사람들에게 살아 있는 이들의 땅을 안전하고 평온하게 소유하게 될 것임을 약속하셨는데, 이는 영원한 선의 견고함을 나타낸다.― 한편 사람들은 현세의 삶의 고단함에 맞서 세상의 욕망과 쾌락 안에서 위로를 찾는다. 그러므로 주님께서는 슬퍼하는 사람들에게 위로를 약속하신다.

다음의 두 참행복은 활동적 행복의 작용에 속한다. 그것은 이웃과의 관계 안에서 인간을 지도하는 덕의 작용인데, 어떤 이들은 자신의 선(bonum proprium)에 대한 무질서한 사랑(inordinatus amor)으로 그러한 작용에서 멀어진다. 그러므로 주님께서는 그 참행복에 대하여, 사람들이 그 작용들에서 멀어지는 동기들에 상응하는 것을 상급으로 약속하셨다. 실상 어떤 이들은 현세적 선의 풍요로움을 바란 나머지 정의의 작용에서 멀어져, 빚은 갚지 않고 오히려 타인의 것을 강탈한다. 그러므로 주님께서는 정의에 굶주린 사람에게 만족함을 약속하신다.―또 어떤 이들은 타인의 비참함에 관여하기를 꺼린 나머지 자비의 작용으로부터 멀어진다. 그러므로 주님께서는 자비를

non reddentes debitum, sed potius aliena rapientes ut bonis temporalibus repleantur. Et ideo Dominus esurientibus iustitiam, saturitatem repromisit.—Discedunt etiam aliqui ab operibus misericordiae, ne se immisceant miseriis alienis. Et ideo Dominus misericordibus repromittit misericordiam, per quam ab omni miseria liberentur.

Aliae vero duae ultimae beatitudines pertinent ad contemplativam felicitatem seu beatitudinem, et ideo secundum convenientiam dispositionum quae ponuntur in merito, praemia redduntur. Nam munditia oculi disponit ad clare videndum, unde mundis corde divina visio repromittitur.—Constituere vero pacem vel in seipso vel inter alios, manifestat hominem esse Dei imitatorem, qui est Deus unitatis et pacis. Et ideo pro praemio redditur ei gloria divinae filiationis, quae est in perfecta coniunctione ad Deum per sapientiam consummatam.

AD PRIMUM ergo dicendum quod, sicut Chrysostomus dicit,[4] omnia praemia ista unum sunt in re, scilicet beatitudo aeterna; quam intellectus humanus non capit. Et ideo oportuit quod per diversa bona nobis nota, describeretur, observata convenientia ad merita quibus praemia attribuuntur.

AD SECUNDUM dicendum quod, sicut octava beatitudo est firmitas quaedam omnium beatitudinum, ita debentur sibi omnium beatitudinum praemia.[5] Et ideo redit ad caput, ut

베푸는 사람들에게 자비를 약속하시고, 그를 통해 그 사람들은 온갖 비참함으로부터 자유로워지리라고 약속하셨다.

마지막 두 가지 참행복은 관조적인 참행복에 속한다. 그러므로 여기에서는 공로로 제시된 그 사람의 상태에 상응하여 상급이 주어진다. 그런데 깨끗한 눈은 뚜렷하게 보는 상태가 되게 하므로, 마음이 깨끗한 이들에게는 하느님을 뵙는 것이 약속된다.—자신 안에서나 다른 이들 사이에서 평화를 이룬다는 것은 그가 일치와 평화의 하느님이신 하느님을 닮았음을 드러낸다. 그러므로 그에게는 상급으로 하느님의 자녀라는 영광이 약속되는데, 그것은 완전한 지혜(sapientia consummata)를 통하여 하느님과의 완전한 결합을 이루는 것이다.

[해답] 1. 크리소스토무스가 말하듯이[4] 이 모든 상급은 실제로는 하나, 곧 영원한 참행복이다. 그러나 인간의 지성은 이를 파악하지 못한다. 그러므로 우리에게 알려져 있는 여러 선들로 이를 묘사하고, 그 상급들이 귀속되는 공로들과의 대응을 고찰하도록 하는 것이 필요했다.

2. 여덟째 참행복은 모든 참행복들의 확인으로서, 모든 참행복들의 상급들이 여덟째 참행복에 귀속되어야 한다.[5] 그러므로, 결과적으로 다른 모든 상급들이 여덟째 참행복에 귀속됨을 이해하게 하기 위해서 처음으로 돌아간다.—혹은 암브로시우스에 따르면[6] 영이 가난한 사람들에게는 영혼의 영광과 관련하여 하늘나라가 약속되고, 육

---

4. Homil. XV *in Matth.*: PG 57, 228.
5. Cf. a.3, ad5.

intelligantur sibi consequenter omnia praemia attribui.—Vel, secundum Ambrosium,[6] pauperibus spiritu repromittitur regnum caelorum, quantum ad gloriam animae: sed passis persecutionem in corpore, quantum ad gloriam corporis.

AD TERTIUM dicendum quod etiam praemia secundum additionem se habent ad invicem. Nam plus est possidere terram regni caelorum, quam simpliciter habere, multa enim habemus quae non firmiter et pacifice possidemus. Plus est etiam consolari in regno, quam habere et possidere, multa enim cum dolore possidemus. Plus est etiam saturari quam simpliciter consolari: nam saturitas abundantiam consolationis importat. Misericordia vero excedit saturitatem, ut plus scilicet homo accipiat quam meruerit, vel desiderare potuerit. Adhuc autem maius est Deum videre, sicut maior est qui in curia regis non solum prandet, sed etiam faciem regis videt. Summam autem dignitatem in domo regia filius regis habet.[7]

---

6. *Super Luc.*, V in c.6, 20sqq.: PL 15, 1653 AB.

체 안에서 박해를 받은 사람들에게는 육체의 영광과 관련하여 하늘나라가 약속된다.

3. 상급들도 점차 상승하는 순서로 배열된다. 하늘나라의 땅을 소유하는 것이 그냥 하늘나라를 소유하는 것보다 낫다. 많은 것을 확고하고 안정적으로(pacifice) 소유하지 못하기 때문이다. 마찬가지로, 하늘나라에서 위로받는 것이 단순히 하늘나라를 갖거나 소유하는 것보다 낫다. 우리는 많은 것을 고통을 느끼며 소유하기 때문이다. 또한 단순히 위로받는 것보다는 만족함이 더 낫다. 만족함은 위로를 충분히 받았음을 의미하기 때문이다. 그리고 자비함은 만족함을 넘어선다. 이로써 인간은 자기가 세운 공로보다, 그리고 자기가 갈망할 수 있는 것보다 더 많이 받기 때문이다. 그러나 더욱 큰 것은 하느님을 뵙는 것이다. 궁정에서 연회에 참석할 뿐만 아니라 왕을 친견(親見)까지 하는 사람이 더 큰 것이기 때문이다. 궁정에서 최고의 품위(dignitas)는 결국 왕자(王子)의 몫이다.[7]

---

[7] Cf. a.2, ad3.

QUAESTIO LXX
DE FRUCTIBUS SPIRITUS SANCTI
in quatuor articulos divisa

Deinde considerandum est de fructibus.[1]
Et circa hoc quaeruntur quatuor.
Primo: utrum fructus Spiritus Sancti sint actus.
Secundo: utrum differant a beatitudinibus.
Tertio: de eorum numero.
Quarto: de oppositione eorum ad opera carnis.

Articulus 1
Utrum fructus Spiritus Sancti quos Apostolus nominat
ad Galatas 5, sint actus

Ad primum sic proceditur. Videtur quod fructus Spiritus Sancti quos Apostolus nominat *ad Galat.* 5, [22-23], non sint actus.

1. Id enim cuius est alius fructus, non debet dici fructus, sic enim

---

1. Cf. q.55, Introd.

제70문
성령의 열매에 대하여
(전4절)

다음으로 열매들에 대하여 고찰해야 한다.[1] 이에 대해서는 네 가지 질문이 제기된다.
1. 성령의 열매는 행위(actus)인가?
2. 그것은 참행복과 구별되는가?
3. 열매들의 수에 대하여.
4. 육(肉)의 행실(行實, opera carnis)에 대한 반대로서의 성령의 열매.

제1절: 성령의 열매들은 행위인가?

Parall.: *In Ep. ad Galat.*, c.5, lect.6.

[반론] 첫째에 대해서는 다음과 같이 진행된다. 사도가 갈라티아서 5장 [22-23절]에서 열거한 성령의 열매들은 행위가 아닌 것으로 보인다.
1. 다른 열매를 맺는 것은 열매라 일컬을 수 없다. 그렇게 되면 무한으로 진행될 것이기 때문이다. 그런데 우리의 행위들은 열매가 있

q.70, a.1

in infinitum iretur. Sed actuum nostrorum est aliquis fructus, dicitur enim *Sap.* 3,[15]: *Bonorum laborum gloriosus est fructus*; et Ioan. 4,[36]: *Qui metit, mercedem accipit, et fructum congregat in vitam aeternam.*[1] Ergo ipsi actus nostri non dicuntur fructus.

2. Praeterea, sicut Augustinus dicit, in X *de Trin.*,[2] *fruimur cognitis in quibus voluntas propter ipsa delectata conquiescit.* Sed voluntas nostra non debet conquiescere in actibus nostris propter se. Ergo actus nostri fructus dici non debent.

3. Praeterea, inter fructus Spiritus Sancti enumerantur ab Apostolo aliquae virtutes scilicet caritas, mansuetudo, fides et castitas. Virtutes autem non sunt actus, sed habitus, ut supra[3] dictum est. Ergo fructus non sunt actus.

SED CONTRA est quod dicitur Matth. 12, [33]: *Ex fructu arbor cognoscitur*;[4] idest, ex operibus suis homo, ut ibi exponitur a Sanctis. Ergo ipsi actus humani dicuntur fructus.

RESPONDEO dicendum quod nomen *fructus* a corporalibus ad spiritualia est translatum. Dicitur autem in corporalibus fructus, quod ex planta producitur cum ad perfectionem pervenerit, et quandam in se suavitatem habet.[5] Qui quidem fructus ad duo comparari potest, scilicet ad arborem producentem ipsum; et

---

1. 불가타역: 'qui metit, mercedem accipit et congregat fructum in vitam aeternam, ut et qui seminat.'

다. 지혜서 3장 [15절]에서는 "선행의 열매는 영광스럽다."고 말하고, 요한복음서 4장 [36절]에서는 "수확하는 이가 삯을 받고 영원한 삶에 들어갈 열매를 모으고 있다."¹고 말한다. 그러므로 우리의 행위 자체는 열매라 불리지 않는다.

2. 아우구스티누스가 『삼위일체론』 제10권에서² 말하듯이 "우리는, 우리의 의지가 그 안에서 어떤 것을 그 자체 때문에 즐기며 안식을 취하는 그 인식 대상을 향유한다." 그러나 우리의 의지는 우리의 행위 그 자체 안에서는 안식을 얻지 못한다. 그러므로 우리의 행위는 열매라 불려서는 안 된다.

3. 사도는 다른 덕들, 즉 참사랑, 온유함, 믿음 그리고 정결을 성령의 열매들 가운데 열거한다. 그런데 덕은 위에서³ 언급된 것처럼 행위가 아니라 습성이다. 그러므로 열매들은 행위가 아니다.

[재반론] 그러나 반대로 마태오복음서 12장 [33절]에는 "나무는 그 열매로 알아본다."는 말씀이 있다.⁴ 성인들은 이를 "인간은 행위로 알아본다."는 뜻으로 해석한다. 그러므로 인간의 행위 자체는 열매라 불린다.

[답변] "열매"란 명칭은 물질적인 것들에서 영적인 것들에로 이전된 것이다. 물질적인 부문에서 열매는 식물이 완성에 이를 때 그 식물에서 산출된 것으로서, 단맛을 지니고 있다.⁵ 이 열매는 두 가지와

---

2. c.10, n.13: PL 42, 981.
3. q.55, a.1.
4. (Vulgata) 'Ex fructu arbor agnoscitur.'
5. Cf. q.11, a.1, c.

ad hominem qui fructum ex arbore adipiscitur.[6] Secundum hoc igitur, nomen fructus in rebus spiritualibus dupliciter accipere possumus, uno modo, ut dicatur fructus hominis, quasi arboris, id quod ab eo producitur; alio modo, ut dicatur fructus hominis id quod homo adipiscitur.

Non autem omne id quod adipiscitur homo, habet rationem fructus, sed id quod est ultimum, delectationem habens.[7] Habet enim homo et agrum et arborem, quae fructus non dicuntur; sed solum id quod est ultimum, quod scilicet ex agro et arbore homo intendit habere. Et secundum hoc, fructus hominis dicitur ultimus hominis finis, quo debet frui.

Si autem dicatur fructus hominis id quod ex homine producitur, sic ipsi actus humani fructus dicuntur, operatio enim est actus secundus operantis, et delectationem habet, si sit conveniens operanti. Si igitur operatio hominis procedat ab homine secundum facultatem suae rationis, sic dicitur esse fructus rationis. Si vero procedat ab homine secundum altiorem virtutem, quae est virtus Spiritus Sancti; sic dicitur esse operatio hominis fructus Spiritus Sancti, quasi cuiusdam divini seminis, dicitur enim I Ioan. 3, [9]: *Omnis qui natus est ex Deo, peccatum non facit, quoniam semen ipsius in eo manet.*

---

6. Cf. q.11, a.3, ad2.

관련된다. 한편으로는 열매를 산출하는 나무에, 다른 한편으로는 나무로부터 열매를 거두는 사람에 관련되는 것이다.[6] 이에 따라 영적인 것에서도 열매라는 명칭은 두 가지 방식으로 받아들여질 수 있다. 첫째로는 열매를 맺는 나무에 비유되는 사람의 열매로서, 이는 그 사람이 산출하는 것을 뜻한다. 둘째 의미로 어떤 사람의 열매는 그 사람이 거두는 것을 뜻한다.

그러나 인간이 거두는 모든 것이 열매인 것은 아니며, 궁극적이고 쾌락을 주는 것만이 그러하다.[7] 어떤 사람이 경작지와 나무를 소유하고 있다 하더라도, 그것이 곧 열매라 불릴 수 없다. 궁극적인 것, 곧 인간이 경작지와 나무로부터 얻고자 하는 것이 바로 열매인 것이다. 이에 따르면 어떤 사람의 열매는 인간이 즐기고자 하는 그의 궁극적인 목적이다.

만일 어떤 사람의 열매가 인간으로부터 산출된 것이라고 본다면, 인간적 행위들 자체가 열매들이라 불린다. 작용(operatio)은 작용자의 제2의 현실태(現實態, actus secundus)이고, 그 행위가 그에게 적합하면 기쁨을 주기 때문이다. 만일 어떤 사람의 작용이 그의 이성의 능력에 따라 그로부터 비롯된다면 그것은 인간 이성의 열매라 불린다. 그러나 만일 더 높은 능력, 곧 성령의 능력에 따라 그로부터 비롯된 것이라면 그 행위는 성령의 열매, 곧 신적인 씨앗의 열매이다. 요한 1서 3장 [9절]에서, "하느님께로부터 태어난 사람은 아무도 죄를 저지르지 않습니다. 하느님의 씨가 그 사람 안에 있기 때문입니다."라고 말하기 때문이다.

---

7. Cf. q.11, a.1, c; a.3, c.

AD PRIMUM ergo dicendum quod, cum fructus habeat quodammodo rationem ultimi et finis, nihil prohibet alicuius fructus esse alium fructum, sicut finis ad finem ordinatur. Opera igitur nostra inquantum sunt effectus quidam Spiritus Sancti in nobis operantis, habent rationem fructus, sed inquantum ordinantur ad finem vitae aeternae, sic magis habent rationem florum. Unde dicitur *Eccli.* 24, [23]: *Flores mei fructus honoris et honestatis.*

AD SECUNDUM dicendum quod, cum dicitur voluntas in aliquo propter se delectari, potest intelligi dupliciter. Uno modo, secundum quod ly *propter* dicit causam finalem, et sic propter se non delectatur aliquis nisi in ultimo fine. Alio modo, secundum quod designat causam formalem, et sic propter se aliquis potest delectari in omni eo quod delectabile est secundum suam formam. Sicut patet quod infirmus delectatur in sanitate propter se, sicut in fine; in medicina autem suavi, non sicut in fine, sed sicut in habente saporem delectabilem; in medicina autem austera, nullo modo propter se, sed solum propter aliud.[8]—Sic igitur dicendum est quod in Deo delectari debet homo propter se, sicut propter ultimum finem, in actibus autem virtuosis, non sicut propter finem, sed propter honestatem quam continent, delectabilem virtuosis. Unde Ambrosius dicit[9] quod opera virtutum dicuntur fructus, *quia suos possessores sancta et sincera delectatione reficiunt.*

---

8. Cf. q.11, a.3, c.

[해답] 1. 열매는 궁극적이고 최종적인 것이므로, 하나의 목적이 다른 목적을 지향하듯이 어떤 열매가 다른 열매를 가지는 것을 막는 것은 아무것도 없다. 그러므로 우리의 행위는 그것이 우리 안에서 활동하시는 성령에 의해 산출되는 한 열매의 특성(ratio)을 갖는다. 그러나 그것이 영원한 삶이라는 목적을 지향하는 한 우리의 행위는 꽃의 특성을 갖는다. 그러므로 집회서 24장 [23절]에는 "나의 꽃은 영예와 풍요로움의 열매"라는 말씀이 있다.

2. 의지가 어떤 것 안에서 "그 자체 때문에" 즐거워한다는 말은 두 가지 방식으로 이해될 수 있다. 그 첫째는 "때문에"가 목적임을 말하는 것으로 받아들일 경우이다. 이럴 경우 의지는 오로지 궁극목적에서만 "그 자체 때문에" 즐거워할 수 있다. 둘째는 그것이 형상임을 가리킨다고 보는 것이다. 이럴 경우 사람은 그 형상에 따라 즐거움을 주는 모든 것 안에서 "그 자체 때문에" 즐거워할 수 있다. 그러므로 환자는 건강함 안에서는 목적으로서 그 자체 때문에 즐거워한다. 그러나 단 약 안에서는 목적으로서가 아니라 쾌락을 주는 맛을 지닌 것으로 즐거워한다. 이와 달리 쓴 약 안에서는 자체 때문이 아니라 다른 것 때문에 즐거워한다.[8] ─ 그러므로 사람은 하느님 안에서는 그 자체 궁극 목적으로서 그분 자신 때문에 즐거워해야 한다. 그러나 덕스러운 행위 안에서는 목적으로서가 아니라 덕스러운 사람 자신에게 즐거움을 주는 그 자신의 고결함 때문에 즐거워해야 한다. 그래서 암브로시우스는[9] 덕의 행위가 "그것을 지닌 사람들을 거룩하고 순수한 쾌락으로 채움으로써 새롭게 만들기 때문에" 열매로 불린다고 말한다.

---

9. *De Paradiso*, c.13: PL 14, 308 B.

AD TERTIUM dicendum quod nomina virtutum sumuntur quandoque pro actibus earum, sicut Augustinus dicit quod *fides est credere quod non vides*;[10] et *caritas est motus animi ad diligendum Deum et proximum*.[11] Et hoc modo sumuntur nomina virtutum in enumeratione fructuum.

Articulus 2
Utrum fructus a beatitudinibus differant

Ad secundum sic proceditur. Videtur quod fructus a beatitudinibus non different.

1. Beatitudines enim attribuuntur donis, ut supra[1] dictum est. Sed dona perficiunt hominem secundum quod movetur a Spiritu Sancto. Ergo beatitudines ipsae sunt fructus Spiritus Sancti.

2. Praeterea, sicut se habet fructus vitae aeternae ad beatitudinem futuram, quae est rei; ita se habent fructus praesentis vitae ad beatitudines praesentis vitae, quae sunt spei. Sed fructus vitae aeternae est ipsa beatitudo futura. Ergo fructus vitae praesentis sunt ipsae beatitudines.

3. Praeterea, de ratione fructus est quod sit quiddam ultimum et delectabile. Sed hoc pertinet ad rationem beatitudinis, ut supra[2]

---

10. *In Iohan. tract.*, 40, n.9: PL 35, 1690.
11. *De doct. Christ.*, III, c.10 n.14: PL 34, 71.

3. 덕의 명칭은 가끔 그 덕의 행위들에도 적용된다. 그래서 아우구스티누스는 "신앙은 당신이 보지 못하는 것을 믿는 것"이라고 말하고,[10] "참사랑(caritas)은 하느님과 이웃을 사랑하는 영혼의 움직임"이라고 말한다.[11] 이 같은 방식으로 덕의 명칭이 열매를 열거하는 데에 사용된다.

제2절 열매는 참행복으로부터 구별되는가?

Parall.: *In Ep. ad Galat.*, c.5, lect.6; *In Isaiam*, c.11.

[반론] 둘째에 대해서는 다음과 같이 진행된다. 열매는 참행복으로부터 구별되지 않는 것으로 생각된다.

1. 위에서 언급된 것처럼[1] 참행복들은 선물들에 귀속된다. 그런데 선물들은 인간이 성령으로부터 움직여지는 데에서 그를 완전하게 한다. 그러므로 참행복은 성령의 열매가 아니다.

2. 영원한 삶의 열매가 실제적 소유인 내세의 참행복과 관계되듯이 현세의 삶의 열매는 희망에 기초한 현세의 삶의 참행복과 관계된다. 그런데 영원한 삶의 열매는 내세의 참행복 그 자체이다. 그러므로 현세의 삶의 열매는 참행복 그 자체이다.

3. 열매는 궁극적이고 즐거움을 주는 것이다. 그런데 이것은 위에서 언급된 것처럼[2] 참행복의 의미에 속한다. 그러므로 열매와 참행복

---

1. q.69, a.1, ad1.
2. q.3, a.1; q.4, a.1.

dictum est. Ergo eadem ratio est fructus et beatitudinis. Ergo non debent ab invicem distingui.

SED CONTRA, quorum species sunt diversae, ipsa quoque sunt diversa. Sed in diversas partes dividuntur et fructus et beatitudines; ut patet per numerationem utrorumque. Ergo fructus differunt a beatitudinibus.

RESPONDEO dicendum quod plus requiritur ad rationem beatitudinis, quam ad rationem fructus. Nam ad rationem fructus sufficit quod sit aliquid habens rationem ultimi et delectabilis:[3] sed ad rationem beatitudinis, ulterius requiritur quod sit aliquid perfectum et excellens. Unde omnes beatitudines possunt dici fructus, sed non convertitur. Sunt enim fructus quaecumque virtuosa opera, in quibus homo delectatur. Sed beatitudines dicuntur solum perfecta opera, quae etiam, ratione suae perfectionis, magis attribuuntur donis quam virtutibus, ut supra[4] dictum est.

AD PRIMUM ergo dicendum quod ratio illa probat quod beatitudines sint fructus, non autem quod omnes fructus beatitudines sint.

AD SECUNDUM dicendum quod fructus vitae aeternae est simpliciter ultimus et perfectus, et ideo in nullo distinguitur a beatitudine futura. Fructus autem praesentis vitae non sunt simpliciter ultimi et perfecti,[5] et ideo non omnes fructus sunt beatitudines.

은 의미가 같다. 따라서 둘은 서로 구별되어서는 안 된다.

[재반론] 그러나 반대로 어떤 것들의 종들(species)이 서로 다르면 그것들 자신도 서로 다르다. 그런데 열매와 참행복은 그 각각이 열거된 방식에서 알 수 있듯이 다른 부분들로 나뉜다. 그러므로 열매는 참행복으로부터 구별된다.

[답변] 참행복에는 열매에 요구되는 것보다 더 많은 것이 요구된다. 열매는 궁극적이고 즐거움을 주는 것이면 충분하다.[3] 그러나 참행복은 그 밖에도 완전하고 탁월한 것이어야 한다. 따라서 모든 참행복들은 열매라고 일컬어질 수 있지만 그 역은 성립되지 못한다. 인간이 그 안에서 즐거워하는 모든 덕스러운 행위들이 열매이지만, 완전한 작용만이 참행복이다. 참행복들은 그 완전성으로 인하여, 위에서 언급되었듯이[4] 덕보다는 선물에 속한다.

[해답] 1. 이 논거는 참행복이 열매임을 증명한다. 그러나 모든 열매가 참행복인 것은 아니다.

2. 영원한 삶의 열매는 단적으로 궁극적이고 완전하다. 그러므로 그것은 어떤 점에서도 미래의 참행복으로부터 구별되지 않는다. 그러나 현재의 삶의 열매는 단적으로 궁극적이고 완전하지 않다.[5] 그러므로 모든 열매가 참행복은 아니다.

---

3. a.1.
4. q.69, a.1, ad1.
5. Cf. a.1, ad1.

AD TERTIUM dicendum quod aliquid amplius est de ratione beatitudinis quam de ratione fructus, ut dictum est.[6]

Articulus 3
Utrum fructus convenienter enumerentur ab Apostolo

Ad tertium sic proceditur. Videtur quod Apostolus inconvenienter enumeret, *ad Galat.* 5, [22-23], duodecim fructus.[1]

1. Alibi enim dicit esse tantum unum fructum praesentis vitae; secundum illud *Rom.* 6, [22]: *Habetis fructum vestrum in sanctificatione.* Et Isaiae 27, [9] dicitur: *Hic est omnis fructus, ut auferatur peccatum.*[2] Non ergo ponendi sunt duodecim fructus.

2. Praeterea, fructus est qui ex spirituali semine exoritur, ut dictum est.[3] Sed Dominus, Matth. 13, [23], ponit triplicem terrae bonae fructum ex spirituali semine provenientem, scilicet *centesimum*, et *sexagesimum*, et *trigesimum*. Ergo non sunt ponendi duodecim fructus.

3. Praeterea, fructus habet in sui ratione quod sit ultimum et

---

6. 본론.

1. (*추가주) 이것은 불가타 성경을 따른 것이다. 그리스어 성경 텍스트에 따르면 성령의 열매는 아홉 가지뿐이다. 불가타 성경은 여기서 자유롭게 그리스어 성경을 라틴어로 번역하는 것으로 보인다. 참으로 불가타 역본은 그리스어 'μακροθυμίαν'를 '끈기'(longanimitas)와 '인내'(patientia)로, 'πραότητα'를 '온순'(mansuetudo)과

3. 위에서 언급된 것처럼[6] 참행복에는 열매에 요구되는 것보다 더 많은 것이 요구된다.

제3절: 열매들은 사도에 의하여 적절하게 열거되었는가?

Parall.: *In Sent.*, III, d.34, q.1, a.5; *In Ep. ad Galat.*, c.5, lect.6.

[반론] 셋째에 대해서는 다음과 같이 진행된다. 사도는 갈라티아서 5장 [22-23절]에서 열매들을 부적절하게 열두 가지로 열거한 것으로 생각된다.[1]

1. 다른 곳에서 그는, 현재 삶에서는 단 하나의 열매만 있다고 말한다. 로마서 6장 [22절]에서는 "여러분은 성화(聖化)로 이끄는 열매를 지니고 있다."고 말하고, 이사야서 27장 [9절]에서는 "죄가 제거된 것이 열매 전부"[2]라고 말한다. 그러므로 열두 가지 열매는 제시되지 말아야 한다.

2. 이미 언급된 것처럼[3] 열매는 영적인 씨앗으로부터 나오는 것이다. 그런데 주님은 마태오복음서 13장 [23절]에서 좋은 땅에서 나온 세 종류의 영적인 열매들, 즉 100배, 60배, 30배의 열매들을 제시하신다. 그러므로 열두 가지 열매를 제시할 수 없다.

3. 열매는 궁극적이고 유쾌한 것이다. 그런데 이것은 사도가 열거

---

1. '절도'(modestia)로, 'ἐγκράτειαν'를 '자제'(continentia)와 '정결'(castitas)로 옮김으로써, 그리스어 단어 속에 함축적으로 포함되어 있던 것을 명시적으로 드러내고 있다.
2. 불가타역: 'hic erit omnis fructus ablationis peccati eius.'
3. a.1.

delectabile. Sed ratio ista non invenitur in omnibus fructibus ab Apostolo enumeratis, patientia enim et longanimitas videntur in rebus contristantibus esse; fides autem non habet rationem ultimi, sed magis rationem primi fundamenti. Superflue igitur huiusmodi fructus enumerantur.

SED CONTRA, videtur quod insufficienter et diminute enumerentur. Dictum est enim[4] quod omnes beatitudines fructus dici possunt, sed non omnes hic enumerantur. Nihil etiam hic ponitur ad actum sapientiae pertinens, et multarum aliarum virtutum. Ergo videtur quod insufficienter enumerentur fructus.

RESPONDEO dicendum quod numerus duodecim fructuum ab Apostolo enumeratorum, conveniens est, et possunt significari per duodecim fructus de quibus dicitur Apoc. *ult.*, [2]: *Ex utraque parte fluminis lignum vitae, afferens fructus duodecim.* Quia vero fructus dicitur quod ex aliquo principio procedit sicut ex semine vel radice, attendenda est distinctio horum fructuum secundum diversum processum Spiritus Sancti in nobis. Qui quidem processus attenditur secundum hoc, ut primo mens hominis in seipsa ordinetur; secundo vero, ordinetur ad ea quae sunt iuxta; tertio vero, ad ea quae sunt infra.

Tunc autem bene mens hominis disponitur in seipsa, quando mens hominis bene se habet et in bonis et in malis. Prima autem

한 모든 열매들에 적용되지 않는다. 인내와 끈기(longanimitas)는 괴로움(슬픔)을 주는 것들에 있는 것으로 보인다. 한편, 성실은 마지막 것이 아니라 오히려 맨 먼저 있는 기초이다. 그러므로 열매들은 과도하게(superflue) 열거되었다.

[재반론] 그러나 반대로 그 열거는 불충분하고 부족하게 열거된 것으로 보인다. 위에서[4] 이미 모든 참행복이 열매로 일컬어질 수 있다고 언급되었기 때문이다. 그런데 여기에 모든 열매들이 열거되지는 않았다. 더구나 여기서는 지혜의 행위에 속하는 것이 아무것도 제시되지 않았다. 그러므로 열매는 불충분하게 열거되었다.

[답변] 사도에 의해 열거된 열두 가지 열매의 숫자는 적절하다. 그리고 요한묵시록 22장 [2절]에 언급된 열두 가지 열매, 즉 "강 양쪽에 있는, 열두 가지 열매를 맺는 생명나무"가 이를 나타내는 것으로 볼 수 있다. 그러나 열매는 어떤 근원, 즉 씨앗이나 뿌리로부터 나온 것이기에, 이 열매들의 구별은 성령이 우리 안에서 행하시는 다양한 전개 과정으로부터 이해되어야 한다. 이 전개 과정은 첫째로 인간의 정신이 자체 안에서 정돈되는 것, 둘째로 자신에게 가까이 있는 것과 관련하여 정돈되는 것, 셋째로 자신보다 하위에 있는 것과 관련하여 정돈되는 것으로 이루어진다.

그런데 인간의 정신이 자체 안에서 잘 정돈되는 것은 인간의 정신이 선에 대해서나 악에 대해서나 올바른 상태에 있을 때이다. 그런데 선을 향한 인간 정신의 첫째 상태(dispositio)는 사랑(amor)을 통해 이루

---

4. a.2.

dispositio mentis humanae ad bonum, est per amorem, qui est prima affectio et omnium affectionum radix, ut supra[5] dictum est. Et ideo inter fructus spiritus primo ponitur caritas; in qua specialiter Spiritus Sanctus datur, sicut in propria similitudine, cum et ipse sit amor.[6] Unde dicitur *Rom.* 5, [5]: *Caritas Dei diffusa est in cordibus nostris per Spiritum Sanctum, qui datus est nobis.*—Ad amorem autem caritatis ex necessitate sequitur gaudium. Omnis enim amans gaudet ex coniunctione amati. Caritas autem semper habet praesentem Deum, quem amat; secundum illud I Ioan. 4, [16]: *Qui manet in caritate, in Deo manet, et Deus in eo.* Unde sequela caritatis est *gaudium.*[7]— Perfectio autem gaudii est pax, quantum ad duo. Primo quidem, quantum ad quietem ab exterioribus conturbantibus, non enim potest perfecte gaudere de bono amato, qui in eius fruitione ab aliis perturbatur; et iterum, qui perfecte cor habet in uno pacatum, a nullo alio molestari potest, cum alia quasi nihil reputet; unde dicitur in Psalmo 118, [165]: *Pax multa diligentibus legem tuam, et non est illis scandalum,* quia scilicet ab exterioribus non perturbantur, quin Deo fruantur. Secundo, quantum ad sedationem desiderii fluctuantis, non enim perfecte gaudet de aliquo, cui non sufficit id de quo gaudet. Haec autem duo importat pax, scilicet ut neque ab exterioribus perturbemur; et ut desideria nostra conquiescant in uno. Unde post caritatem

어지고, 그 사랑은 위에서 언급되었듯이[5] 최초의 정감(prima affectio)이며 모든 정감들의 근본(omnium affectionum radix)이다. 그러므로 성령의 열매 중 첫째로 참사랑(愛德, caritas)이 제시된다. 이 참사랑 안에서 성령이 특별한 방식으로, 곧 자신과 유사한 것으로서 주어진다. 그것은 성령 자신이 사랑(amor)이기 때문이다.[6] 그래서 로마서 5장 [5절]에서는 "하느님의 참사랑이 우리가 받은 성령을 통하여 우리 마음에 부어졌다."고 말한다.—참사랑으로서의 사랑 다음에는 필연적으로 즐거움(gaudium)이 뒤따른다. 사랑하는 모든 사람은 사랑하는 대상과의 결합으로부터 즐거움을 느끼기 때문이다. 그런데 참사랑 안에서는 항상 그 참사랑이 사랑하는 하느님이 현존하신다. 요한 1서 4장 [16절]에서는 "참사랑 안에 머무르는 사람은 하느님 안에 머물고, 하느님은 그 사람 안에 머무신다."고 말한다. 그러므로 참사랑에 뒤따르는 것이 즐거움이다.[7]—그런데 즐거움의 완성은 평화이다. 그것은 두 측면에서 그러하다. 첫째는 외적인 방해 요인들로부터의 고요함과 관련해서이다. 사랑하는 선을 향유하는 데에 있어 타인들로부터 방해를 받는다면 아무도 그것을 완전히 즐길 수 없다. 다른 측면에서는, 하나 안에서 자신의 마음이 완전히 평안(平安)해진 사람은 그 어떤 것으로부터도 흔들릴 수 없기 때문이다. 그는 다른 것들을 무가치한 것으로 여긴다. 그러므로 시편 119(118)편 [165절]에서는 "당신의 법을 사랑하는 이들에게는 큰 평화가 있고 무엇 하나 거칠 것이 없습니다."라고 말한다. 그들은 하느님 안에서 즐기는 데에서 외적인 것들로부터 방해받지 않기 때문이다. 둘째는 동요하

---

5. q.27, a.4; q.28, a.6, ad2; q.41, a.2, ad1.
6. Cf. I, q.37, a.1.
7. Cf. II-II, q.29, aa.3-4.

q.70, a.3

et gaudium, tertio ponitur pax.[8]—In malis autem bene se habet mens quantum ad duo. Primo quidem, ut non perturbetur mens per imminentiam malorum, quod pertinet ad patientiam.[9]—Secundo, ut non perturbetur in dilatione bonorum, quod pertinet ad longanimitatem:[10] nam *carere bono habet rationem mali,* ut dicitur in V *Ethic.*[11]

Ad id autem quod est iuxta hominem, scilicet proximum, bene disponitur mens hominis, primo quidem, quantum ad voluntatem bene faciendi. Et ad hoc pertinet bonitas.—Secundo, quantum ad beneficentiae executionem. Et ad hoc pertinet benignitas, dicuntur enim benigni quos bonus ignis amoris fervere facit ad benefaciendum proximis.[12]—Tertio, quantum ad hoc quod aequanimiter tolerentur mala ab eis illata. Et ad hoc pertinet mansuetudo, quae cohibet iras.[13]—Quarto, quantum ad hoc quod non solum per iram proximis non noceamus, sed etiam neque per fraudem vel per dolum. Et ad hoc pertinet *fides,* si pro fidelitate sumatur. Sed si sumatur pro fide qua creditur in Deum, sic per hanc ordinatur homo ad id quod est supra se, ut scilicet homo intellectum suum Deo subiiciat, et per consequens omnia quae ipsius sunt.

---

8. Cf. II-II, q.136, a.1, ad3.
9. Cf. II-II, q.136, a.5.
10. c.7, 1131b21-24; S. Thomas, lect.5, n.946.
11. Cf. II-II, q.52, a.4, ad3.
12. Cf. II-II, q.121, a.2, ad3.

는 갈망의 안정과 관련해서이다. 자신이 기뻐하는 것에 만족하지 못하는 사람은 완전한 기쁨을 누릴 수가 없다. 그러므로 평화는 두 가지 사실을 자체 안에 포함한다. 그것은 우리가 외적 요인으로부터 방해받지 않는 것과 우리의 갈망이 단 하나의 대상 안에서 평안해지는 것이다. 그러므로 참사랑과 즐거움 다음에 셋째로 평화가[8] 제시된다.─악에 대하여 인간의 정신은 두 가지와 관련하여 좋은 상태에 있게 된다. 첫째는 정신이 악의 위협에 의하여 동요하지 않는 것이다. 그것은 인내[9]에 속한다.─둘째는 선이 지체되어도 동요하지 않는 것이다. 이는 오래 참음[10]에 속한다. 『니코마코스 윤리학』 제5권[11]에서 언급된 것처럼 선의 결여는 악의 근거를 갖는 것이다.

인간 정신이 자신 곁에 있는 존재, 곧 이웃과 관련하여 좋은 상태에 있는 것은 첫째로 선을 행하려는 의지와 관련된다. 이는 선함에 속한다. 둘째로는 선한 일의 실천과 관련된 것으로 이는 호의(benignitas)에 속한다. 이를 행하는 사람들은 선한 사랑의 불꽃으로 이웃에게 선을 행하려는 열성에 불이 붙은 이들이다.[12]─셋째로는 이웃들로부터 가해진 악을 태연하게 감수하는 것에 관련된 것으로, 이는 분노를 제어하는 온유함에 속한다.[13]─넷째로는 우리가 분노뿐만 아니라 사기나 속임수를 통해서도 이웃을 해치지 않는 것과 관련되며, 이는 성실(fides)에 속한다. 이것은 우리가 충실(fidelitas)이라는 의미로 받아들일 때 그런 것이다. 만일 이 성실(fides)이란 말이 하느님을 믿는 신앙의 의미로 받아들여진다면, 이는 인간은 자신보다 상위에 있는 존재를 지향하는 것으로서, 자신의 지성과 결과적으로 자신에게 속한 모든 것을 하느님께 복속시키는 것이다.

---

13. Cf. II-II, q.19, a.12, ad4; q.155, a.1, c.

Sed ad id quod infra est, bene disponitur homo, primo quidem, quantum ad exteriores actiones, per modestiam, quae in omnibus dictis et factis modum observat.—Quantum ad interiores concupiscentias, per continentiam et castitatem, sive haec duo distinguantur per hoc, quod castitas refrenat hominem ad illicitis, continentia vero etiam a licitis; sive per hoc quod continens patitur concupiscentias sed non deducitur, castus autem neque patitur neque deducitur.[14]

AD PRIMUM ergo dicendum quod sanctificatio fit per omnes virtutes per quas etiam peccata tolluntur. Unde fructus ibi singulariter nominatur propter unitatem generis, quod in multas species dividitur, secundum quas dicuntur multi fructus.

AD SECUNDUM dicendum quod fructus centesimus, sexagesimus et trigesimus non diversificantur secundum diversas species virtuosorum actuum, sed secundum diversos perfectionis gradus etiam unius virtutis.[15] Sicut continentia coniugalis dicitur[16] significari per fructum trigesimum; continentia vidualis per sexagesimum; virginalis autem per centesimum. Et aliis etiam modis Sancti[17] distinguunt tres evangelicos fructus secundum tres gradus virtutis. Et ponuntur tres gradus, quia cuiuslibet rei

---

14. Cf. II-II, q.19, a.12, ad4; q.155, a1.
15. Cf. II-II, q.24, a.9.

인간 아래에 있는 것에 대하여 좋은 상태에 있는 것은, 우선 외적인 작용들과 관련해서는 절도(modestia)를 통해서이다. 이로써 모든 말과 행동에서 분수(modus)를 지킨다.—내적인 욕망과 관련해서는 자제(continentia)와 정결(castitas)을 통해서 좋은 상태에 있게 되는데, 이 둘의 차이는 정결로써는 불법적인 것을 삼가는 데에 비하여 자제로써는 합법적인 것도 삼가는 것이라는 데에 있다. 또는, 자제하는 사람은 욕망을 겪으면서도 그것에 이끌리지 않는 반면 정결한 사람은 욕망을 겪지도 않고 그것에 이끌리지도 않는다.[14]

[해답] 1. 성화(聖化)는 모든 덕들을 통하여 이루어지며, 또한 그 덕들을 통하여 죄가 제거된다. 그러므로 여기서 열매는 유(類)의 단일성에 따라(propter unitatem generis) 단수로(singulariter) 일컬어진 것이다. 그것(유)은 많은 종으로 나뉘고, 그에 따라 많은 열매들이 언급된다.

2. 100배, 60배 그리고 30배의 열매들은 덕스러운 행위들의 다양한 종류에 따라서 구별된 것이 아니다. 오히려 위의 열매들은 하나의 덕 안에서도 그 완전성의 다양한 등급[15]에 따라 구별된 것이다. 예를 들어 결혼한 부부의 자제[16]는 30배의 열매를 통해, 과부의 자제는 60배의 열매를 통해, 그리고 동정녀의 자제는 100배의 열매를 통해 표현된다. 성인들[17]은 다른 방식으로 복음에 나오는 세 가지의 열매들을 덕의 세 등급에 따라 구별하기도 했다. 세 등급이 제시된 것은 모든 사물의 완전성이 처음, 중간 그리고 마지막으로 이해되기

---

16. Cf. Hieronymus, *Adversus Iov.*, I, c.3: PL 23, 233.
17. Cf. Augustinus, *Quaest. Evang.*, I, c.9, *Super Matth.* 13,23: PL 35, 1325.

perfectio attenditur secundum principium, medium et finem.¹⁸

AD TERTIUM dicendum quod ipsum quod est in tristitiis non perturbari, rationem delectabilis habet.—Et fides etiam si accipiatur prout est fundamentum,¹⁹ habet quandam rationem ultimi et delectabilis, secundum quod continet certitudinem, unde Glossa²⁰ exponit: Fides, idest de invisibilibus certitudo.²¹

AD QUARTUM²² dicendum quod, sicut Augustinus dicit, super epistolam *ad Galat.* [c.5, v.22-23],²³ *Apostolus non hoc ita suscepit, ut doceret quod sunt* (vel opera carnis, vel fructus spiritus); sed *ut ostenderet in quo genere illa vitanda, illa vero sectanda sint.* Unde potuissent vel plures, vel etiam pauciores fructus enumerari. Et tamen omnes donorum et virtutum actus possunt secundum quandam convenientiam ad haec reduci, secundum quod omnes virtutes et dona necesse est quod ordinent mentem aliquo praedictorum²⁴ modorum. Unde et actus sapientiae, et quorumcumque donorum ordinantium ad bonum, reducuntur ad caritatem, gaudium et pacem.—Ideo tamen potius haec quam alia enumeravit, quia hic enumerata magis important vel fruitionem bonorum, vel sedationem malorum; quod videtur ad rationem fructus pertinere.

---

18. Sup. q.96, aa.2 & 4.
19. 본론.

때문이다.[18]

3. 괴로움(슬픔)을 주는 것들 안에서 동요되지 않는 것은 즐거운 것이라는 특성을 지닌다.―그리고 믿음이 만일 기초로[19] 받아들여진다면 그것은 확실성을 내포한다는 점에서 궁극적이고 유쾌한 것의 특성을 지니는 것이다. 그래서 주석[20]에서는 "믿음은 보이지 않는 것들에 대한 확실성"이라고 설명한다.[21]

4.[22] 아우구스티누스가 『갈라티아서 해설』[5장 22-23절]에서[23] 말하듯이, "사도는 어떤 것이 육의 행실이고 어떤 것이 성령의 열매인지 가르치려고 한 것이 아니다. 오히려 육의 행실들을 피하고 성령의 열매들을 추구해야 함을 보여 주려 한 것이다." 그러므로 더 많은 혹은 심지어는 더 적은 열매들을 열거할 수도 있었다. 그러나 모든 선물과 덕의 행위들은 일종의 적합성에 따라 이들로 환원될 수 있다. 모든 덕과 선물들이 전술된 방식들[24] 중 하나를 통하여 정신을 질서 지어야 하기 때문이다. 그러므로 지혜와 선을 향하게 하는 모든 선물들의 행위는 참사랑, 즐거움, 그리고 평화로 환원된다.―그런데 다른 것들보다 이것들이 열거되었던 것은, 이들이 선에 대한 향유나 악에 대한 억제를 더 확실히 내포하기 때문이다. 그것이 바로 열매의 의미에 속하는 것으로 생각된다.

---

20. 행간 주석(Glossa Interlinearis)
21. II-II, q.8, a.8.
22. 재반론.
23. n.50: PL 35, 2141.
24. 본론.

q.70, a.4

Articulus 4
Utrum fructus Spiritus Sancti contrarientur operibus carnis

Ad quartum sic proceditur. Videtur quod fructus non contrarientur operibus carnis quae Apostolus enumerat.[1]

1. Contraria enim sunt in eodem genere. Sed opera carnis non dicuntur fructus. Ergo fructus spiritus eis non contrariantur.

2. Praeterea, unum uni est contrarium. Sed plura enumerat Apostolus opera carnis quam fructus spiritus. Ergo fructus spiritus et opera carnis non contrariantur.

3. Praeterea, inter fructus spiritus primo ponuntur caritas, gaudium, pax, quibus non correspondent ea quae primo enumerantur inter opera carnis, quae sunt fornicatio, immunditia, impudicitia. Ergo fructus spiritus non contrariantur operibus carnis.

SED CONTRA est quod Apostolus dicit ibidem, [17], quod *caro concupiscit adversus spiritum, et spiritus adversus carnem.*[2]

RESPONDEO dicendum quod opera carnis et fructus spiritus possunt accipi dupliciter. Uno modo, secundum communem rationem. Et hoc modo in communi fructus Spiritus Sancti

---

1. 갈라 5,19 이하.
2. (Vulgata) 'Caro concupiscit adversus spiritum, spiritus autem adversus carnem.'

제4절: 성령의 열매는 육(肉)의 행실에 반대되는가?

Parall.: *In Ep. ad Galat.*, c.5, lect.6.

[반론] 넷째에 대해서는 다음과 같이 진행된다. 성령의 열매는 사도가 열거한[1] 육(肉)의 행실(行實, opera carnis)에 반대되지 않는 것으로 보인다.

1. 반대되는 것들은 같은 유(類)에 속한다. 그런데 육의 행실은 열매라 일컬어지지 않는다. 그러므로 성령의 열매는 그것(육의 행실)에 반대되지 않는다.

2. 하나는 하나에 대립된다. 그런데 사도는 영의 열매보다는 육의 행실을 더 많이 열거하였다. 그러므로 성령의 열매와 육의 행실은 서로 반대되지 않는다.

3. 성령의 열매들 중 가장 먼저 참사랑, 즐거움, 평화가 제시된다. 육의 행실들 중에서 가장 먼저 열거되는 것, 즉 간음, 불결, 방탕은 그것들에 상응하지 않는다. 그러므로 성령의 열매는 육의 행실에 반대되지 않는다.

[재반론] 그러나 반대로 사도는 같은 곳 [17절]에서 "육이 욕망하는 것은 성령에 거스르고, 성령께서 바라시는 것은 육을 거스릅니다."라고 말한다.[2]

[답변] 육의 행실과 성령의 열매는 두 가지 방식으로 받아들여질 수 있다. 그 하나는 공통된 근거에 의해서이다. 이 같은 방식으로 성

contrariantur operibus carnis. Spiritus enim Sanctus movet humanam mentem ad id quod est secundum rationem, vel potius ad id quod est supra rationem, appetitus autem carnis, qui est appetitus sensitivus, trahit ad bona sensibilia, quae sunt infra hominem. Unde sicut motus sursum et motus deorsum contrariantur in naturalibus, ita in operibus humanis contrariantur opera carnis fructibus spiritus.

Alio modo possunt considerari secundum proprias rationes singulorum fructuum enumeratorum, et operum carnis. Et sic non oportet quod singula singulis contraponantur, quia, sicut dictum est,[3] Apostolus non intendit enumerare omnia opera spiritualia, nec omnia opera carnalia.—Sed tamen, secundum quandam adaptationem, Augustinus, super epistolam *ad Galat.* [c.5, v.22-23],[4] contraponit singulis operibus carnis singulos fructus. Sicut *fornicationi, quae est amor explendae libidinis a legitimo connubio solutus, opponitur caritas, per quam anima coniungitur Deo in qua etiam est vera castitas. Immunditiae autem sunt omnes perturbationes de illa fornicatione conceptae, quibus gaudium tranquillitatis opponitur. Idolorum autem servitus, propter quam bellum est gestum adversus Evangelium Dei, opponitur paci. Contra veneficia autem, et inimicitias et contentiones et aemulationes, animositates et dissensiones, opponuntur longanimitas, ad sustinendum mala hominum inter quos vivimus; et ad curandum, benignitas; et ad ignoscendum, bonitas. Haeresibus*

령의 열매는 공통적으로(in communi) 육(肉)의 행실에 반대된다. 성령은 인간의 정신을 움직여 이성에 또는 이성을 초월하는 것에 부합하는 상태에 이르게끔 한다. 그러나 육의 욕구, 즉 감각적 욕구는 인간을 자신보다 하위에 있는 감각적인 선으로 이끈다. 그러므로 자연적인 것들에서 상승하는 운동과 하강하는 운동이 서로 반대되듯이 인간적인 행위 안에서는 육의 행실과 성령의 열매가 서로 반대된다.

다른 방식으로는, 열거된 [성령의] 열매와 육의 행실들 각각을 고유한 근거에 따라 고찰할 수 있다. 이런 식으로는 각각의 것들이 꼭 각각의 것들에 반대되지는 않는다. 이미 언급되었듯이[3] 사도는 모든 영적 행실들과 육의 행실들을 열거하려 하지 않기 때문이다.—그런데 아우구스티누스는 『갈라티아서 해설』[5장 22-23절]에서[4] 일종의 적용을 통하여 개별적인 육의 행실과 개별적인 열매들을 대비시킨다. 그래서 "합법적인 부부 관계 밖에서 욕정을 만족시키려는 사랑인 간음에는 영혼을 하느님과 결합시키는, 그리고 그 안에 참된 정결(castitas)이 있는 참사랑(caritas)이 대립된다. 그 같은 간음에서 비롯된 온갖 교란이 곧 불결함인데, 그 불결함에 평온함의 즐거움이 대립된다. 하느님의 복음에 반하여 전쟁을 부추긴 우상숭배에는 평화가 대립된다. 마술(魔術), 적대감, 다툼, 질투, 격분, 분열에 대립되는 것은 오래 참음인바, 그것은 우리로 하여금 함께 사는 인간들 사이에서 생기는 악을 감수(甘受)하게 한다. 치료하는 데는 호의(benignitas)가, 용서하는 데는 선의(bonitas)가 필요하다. 이단에는 신앙이 대립되고 시기에는 온유함이 그리고 만취와 폭식에는 자제가

---

3. a.3, ad4.
4. n.51: PL 35, 2141-2142.

autem opponitur fides, invidiae, mansuetudo; ebrietatibus et comessationibus, continentia.

AD PRIMUM ergo dicendum quod id quod procedit ab arbore contra naturam arboris, non dicitur esse fructus eius, sed magis corruptio quaedam. Et quia virtutum opera sunt connaturalia rationi, opera vero vitiorum sunt contra rationem;[5] ideo opera virtutum fructus dicuntur, non autem opera vitiorum.

AD SECUNDUM dicendum quod *bonum contingit uno modo, malum vero omnifariam,* ut Dionysius dicit, 4 cap. *de Div. Nom.*:[6] unde et uni virtuti plura vitia opponuntur. Et propter hoc, non est mirum si plura ponuntur opera carnis quam fructus spiritus.

AD TERTIUM patet solutio ex dictis.[7]

---

5. Cf. q.71, a.2.
6. PG 3, 729 C.
7. 본론.

대립된다."

[해답] 1. 나무의 본성을 거슬러 나무로부터 나온 것은 나무의 열매라 말할 수 없고 오히려 나무의 손상이다. 덕의 행실은 이성에 본성적으로 알맞다. 그에 비해 악습의 행실은 이성에 반대된다.[5] 그러므로 덕의 행실들은 열매로 불리지만 악습의 행실들은 그렇게 불리지 않는다.

2. 디오니시우스가 『신명론』(神名論) 제4장에서[6] 말하듯이, "선은 한 가지 방식으로 이루어지는 데 비해 악은 온갖 방식으로 이루어진다." 그러므로 하나의 덕에 여러 악습이 대립된다. 이에 따라 성령의 열매보다 더 많은 육의 행실이 제시되는 것이 놀라운 것은 아니다.

3. 이미 앞에서 언급된 것들 안에서 해답이 주어졌다.[7]

《주제 색인》

가난(paupertas) 75, 79, 89, 91, 93, 97, 99, 101, 105
간음(fornicatio) 135, 137
갈망(desiderium) 85, 93, 103, 105, 109, 129
감정(motus) 41
강(江, fluvius) xiv, xvi
건강(sanitas) 117
격분(animositas) 137
결과(effectus) 21, 95, 107, 129
결함(defectus) xliv, 27, 67
겸손(humilitas) 13, 91
경멸(contemptus) 91
경솔함(praecipitatio) 21, 65
경작지(ager) 115
계명(誡命, praeceptum, praecepta) 19, 25
고결(高潔)함(honestas) 117
공로(功勞, meritum, merita) xv,ii xxi, 83, 95, 99, 107, 109
관대함(liberalitas) 93
괴로움(tristitia) 125, 133
교만(驕慢, superbia) 21, 55, 65
구원(救援, salus) xi, xxxix, xlv, 19, 21, 31, 33, 77
군중(turba) 77, 101
굶주림 55, 101
궁핍함(necessitas) 93
권고(consilium, consilia) xx, 13, 19, 25, 99
권위(auctoritas) xv, xx, xxviii, 35, 103
그리스도(Christus) xi, 13, 27
근본(根本, radix, radices) ix, xvii, xviii, xxi, xliv, l, 41, 127
근원(principium) 125
기관(organum) 39

기예(ars) 35, 39, 59
깨끗함(munditia) 95, 99

나무(arbor) 83, 115, 139
능력1(facultas) 11
능력2(virtus) 35, 115
능력3(vis) 59
내세(來世, futura vita) xlviii, 79, 81, 83, 85, 91, 119

다스림(regimen) 45
다툼(contentio) 137
달(月, luna) 23
대립(對立, oppositio) 9, 17, 79, 135, 137, 139
덕(德, virtus) 5, 7, 9, 11, 15, 17, 19, 25, 33, 37, 49, 59, 63, 67, 73, 91, 119, 131, 139
도구(instrumentum) l, 29, 31, 41
도시(civitas) 51
도움(auxilium) xxiv, 23, 47, 61, 83
동인(動因, motivum, motiva) 67, 97, 99
두려움(timor) 11, 21, 35, 37, 39, 41, 43, 57, 61, 65, 87, 97
땅(terra) xi, xxiii, 25, 85, 103, 105, 109, 123

마술(魔術, veneficium, veneficia) 137
마음1(animus) 85
마음2(cor) 13, 45, 51, 55, 83, 95, 99, 127
만족(saturitas) 105, 109, 129, 137
만취(漫醉, ebrietas) 137
말씀(sermo) ix, xviii, xlii, 13, 27, 29, 43, 45, 47, 101, 113, 117
맛(sapor) xlix, 117
명령(imperium) 31, 37, 85
명예(honor) 91, 105
명칭(nominum, nomina) 39, 41, 113, 115, 119

목적(finis) xi, xli, xliv, xlvi, 23, 30, 75, 77, 83, 115, 117
무지(無知, ignorantia) 21, 27, 65
무한(無限, infinitum) 111
믿음(fides) 11, 41, 43, 67, 113, 133

박해(迫害, persecutio) 99, 109
발견(inventio) xix, xxi, xlv, li, 89, 99
방탕함(impudicitia) 135
배(腹, venter) 55
복음(福音, evangelium) xviii, xxii, xliv, 131, 137
복된(beatus) 47, 51, 53, 87
복된 이들(beatus, beati) 25
본성(本性, natura) xv, xlv, xlvii, 23, 139
본향(本鄕, patria) 5, 49, 51, 53, 87
부(富, divitiae) 91, 105
부드러움(mititas) 75, 77, 97
분노(ira) 91, 97, 129
분열(dissensio) 137
분쟁(litigium, litigia) 105
불결함(immunditia) 137
빛(lumen) xi, xvii, xxi, 13, 21, 23

사물(res) 39, 105, 131
사랑(amor) xi, xv, xix, 13, 23, 35, 41, 65, 69, 105, 119, 125, 127, 129, 137
사추덕(四樞德, virtutes cardinales) 9, 75, 77
삯(merces) 113
상급(對價, praemium, praemia) 73, 79, 81, 83, 85, 93, 95, 99, 103, 105, 107, 109
생활(vita) xx, xlvi
상태(status) xlvii, xlviii, 15, 19, 43, 51, 53
상태(dispositio) 15, 69, 83, 107
샘(fons) 51

생각(cogitatio) xx, 7, 11, 47, 49, 53, 57, 59, 63, 65, 79, 87, 93, 103, 119, 123, 133
생명(vita) xxxix, xliv, li, 31, 51
선(善, bonum) 17, 37, 39, 57, 105, 129
선물(donum) 5, 19, 27, 31, 39, 41, 49, 57, 63, 73, 87, 119, 131
선성(bonitas) 23
선의(bonitas) 137
설교(sermo) xlix, 99
성경(聖經, sacra Scriptura) xxix, xxx, 13, 35, 81, 89, 99
성령(Spiritus Sanctus) xxxix, xl, xlii, xliii, xliv
성인(聖人, sanctus) xxiv, xl, 31, 83, 113, 131
성질(qualitas) 7
성화(聖化, sanctificatio) xli, xliii, xlvi, 123, 131
소유(possessio) xviii, 23, 45, 85, 103, 105, 109, 115
손상(corruptio) 139
수난(受難, passio) 13
슬픔(tristitia) 75, 93, 97, 99
습성(habitus) xliv, 5, 27, 29, 431, 33, 49, 77, 113
시기(aemulatio) l, 137
시초1(inchoatio) 83
시초2(initium) 61, 83, 95
심사숙고(eubulia) xviii, 61
씨(semen) 115

아버지(pater) ix, xi, xiv, xx, xxxviii, 39, 87
악(惡, malum, mala) 37, 41, 53, 61, 85, 125, 129, 133, 137, 139
악습(vitium, vitia) 7, 17, 139
악인(惡人, malus, mali) 85
안정(安定, sedatio) 129
약(藥, medicina) 117
어리석음(stultitia) 21, 27, 65
어떤 것(aliquid) 7, 11, 41, 61, 67, 69, 87, 113, 117, 121, 127, 133

143

연결(connexio) xi, xli, xliii, xliv, xlvii, 5, 35, 43, 45, 47, 89
열매(fructus) xxxviii, xlix, 83, 111, 113, 115, 121, 123, 131, 135
영(靈, spiritus) l, 7, 13, 25, 29, 85, 99, 105, 107, 135
영감(靈感, inspiratio) 13, 15, 29
영광(gloria) 51, 53, 81, 107, 109
영원법(lex aeterna) 75
영혼(anima) xlviii, 11, 45, 59, 65, 69, 85, 99, 107, 119, 137
예배(cultus) 39
예언(prophetia) 29, 33
오래 참음(longanimitas) 129, 137
온유함(mansuetudo) 13, 77, 99, 113, 129, 137
올곧음(rectitudo) 17, 39
완고(頑固)함(duritia) 21, 27, 65
완전성(perfectio) xlviii, 15, 19, 21, 23, 25, 29, 47, 69, 121, 131
왕자(王子, filius regis) 109
욕구(appetitus) 11, 31, 63, 67, 91, 93, 137
욕구능력(vis appetitiva) 31, 37, 45, 59
용기(fortitudo) xviii, xlvi, 9, 11, 21, 35, 43, 51, 59, 61, 63, 65, 89, 97, 99, 101
우둔함(hebetudo) 21, 27, 65
우상숭배(idolorum servitus) 137
원리(principium) ix, xv, xx, 17, 25, 32, 37, 41, 59, 89
원인(causa) 9
위로(consolatio) 103, 105
위로자(Consolator) 85
유(類, genus) 131, 135
유산(hereditas) 85
유혹(tentamentum, temptamentum) 11, 13, 49
육(肉, caro) 111, 133, 135, 137, 139
육체(corpus) 101, 109
은총(gratia) xi, xiv, xvii, 45, 47, 83
음식(cibus) 55, 87, 93

의사(醫師, medicus) 23
의지(voluntas) xi, 11, 23, 75, 113, 117, 129
이단(異端, haeresis) 137
이름(nomen) 13
이성(理性, ratio) ix, xiv, xv, xvii, xviii, xx, xxi, xlv, xlviii, l, 11, 15, 17, 21, 23, 25, 31, 37, 39, 45, 59, 63, 69, 75, 91, 115, 137, 139
이웃(proximus) xlviii, 55, 69, 93, 95, 105, 119, 129
이유(ratio) xiv, 9, 51, 103
인내(patientia) xlix, 125, 129
인식(cognitio) l, 23, 99, 113

자비(慈悲, misericordia) 51, 55, 75, 77, 89, 93, 97, 99, 105, 107
자유의지(liberum arbitrium) 11, 22
작용(operatio) xxxix, xli, xliii, 23, 53, 55, 59, 97, 105, 115, 121, 131
장인(artifex) 41
적대감(敵對感, inimicitia) 137
전개(processus) 19, 59, 65, 125
전쟁(bellum, bella) 105, 137
절제(temperantia) 11, 35, 39, 49, 61, 65, 101
정감(情感, affectio, affectus) 11, 93, 127
정결(castitas) 113, 131, 137
정념(情念, passio) 29, 35, 41, 87, 91, 93, 97
정신(mens) 7, 47, 53, 55, 95, 125, 129, 133, 137
정의(定義, definitio) 7, 9, 11, 17, 35, 39, 49, 61, 65, 75
정의(正義, iustitia) 93, 105
제자(discipulus) xv, xxiv, xxvii, 29, 77
제작(factibilia) 39
존경(reverentia) xii, xxiv, 39, 41, 93, 97
종(種, species) xviii, 9, 121, 131
죄(罪, peccatum) xvii, 13, 99, 115, 131
주입(注入, infusio) 7, 9, 15, 19, 39

즐거움(gaudium) 117, 119, 121, 127, 129, 133, 135, 137
절도(節度, modestia) 122, 131
지식(知識, scientia) xviii, xix, xlvi, 7, 11, 21, 33, 37, 45, 55, 57, 63, 65, 87, 95, 97, 99
지혜(sapientia) xix, xlvi, 7, 11, 13, 19, 21, 33, 41, 43, 45, 47, 49, 51, 59, 61, 65, 69, 85, 87, 95, 107, 125, 133
질료(materia) 53, 55, 59, 61, 63, 97
질투(invidia) 137
징벌(懲罰, poena) 85

참사랑(caritas) xlvii, 13, 41, 45, 47, 63, 65, 69, 113, 127, 129, 133, 135
참행복(beatitudo, beatitudines) xxxviii, xlviii, 73, 75, 77, 79, 81, 83, 87, 89, 91, 93, 95, 97, 99, 101, 103, 107, 111, 119
척도(regula) 17, 75, 91
최고선(最高善, summum bonum) 41
충동(instinctus) 15, 21, 23, 27, 29, 33, 37, 47
충실(fidelitas) xxix, 129

쾌락(delectatio) 35, 37, 39, 41, 91, 97, 101, 103, 105, 115, 117

탁월함(excellentia) 41, 105
탐구(inquisitio) xvii, xix, 57
탐욕(cupiditas) 97
태양(太陽, sol) 23
통찰(通察), 지성(intellectus) xviii, xx, xlvi, 7, 11, 13, 21, 33, 35, 41, 43, 49, 51, 53, 59, 61, 65, 69, 87, 95
특성(qualitas) xix, 27, 117, 133

파라클레이토스(Paracletus) 85
파악(apprerehensio) 37, 59, 107
판단(iudicium) xvii, xix, 19, 23, 37, 57, 63, 97
판단력(synesis) 61

평화(pax) xlix, 75, 95, 107, 127, 129, 133, 135
폭식(暴食, comessatio) 137
품위(dignitas) xviii, xxi, 57, 59, 61, 68, 109
풍족함(abundantia) 101, 105

하나(unum) 9, 15, 33, 47, 91, 97, 107, 123, 127
하느님(Deus) 9, 15, 17, 19, 23, 29, 35, 39, 53, 67, 81, 87, 93, 105, 117, 127, 137
하늘나라(regnum caelorum) 79, 83, 103, 105, 107, 109
학문(學問, scientia) xxviii
행복(felicitas) 79, 89, 91, 95, 101, 103, 105
행위(actus) 9, 15, 23, 25, 29, 37, 39, 55, 59, 63, 69, 77, 83, 93, 111, 113
행실(行實) xlix, 111, 133, 135, 137, 139
형상(形相, forma) 23, 81, 95, 117
호의1(favor) 101
호의2(benignitas) 129, 137
효경(pietas) 9, 11, 21, 35, 39, 43, 51, 57, 61, 63, 89, 97
확신(certitudo) 53, 65
환자(患者, infirmus) 117
희망(spes) 35, 41, 53, 55, 67, 75, 77, 79, 83, 119

《인명 색인》

그레고리우스(Gregorius) 7, 9, 11, 21, 27, 29, 31, 43, 45, 47, 49, 51, 53, 65, 67, 71
디오니시우스(Dionysius) 139
바오로, 사도(Apostolus, Paulus) ix, xvii, 43, 47, 57, 61, 81, 111, 113, 123
아우구스티누스(Augustinus) 7, 43, 47, 59, 63, 64, 73, 77, 79, 81, 85, 103, 113, 119, 137
암브로시우스 51, 75, 77, 81, 97, 101, 107, 117
철학자(Aristoteles) 7, 15, 17, 23, 75, 85, 95
크리소스토무스 81, 107

《고전작품 색인》

그레고리우스
　『에제키엘서 강해』(*Homil. in Ezech.*) 29
　『욥기의 도덕적 해설』(*Moralia*) 7, 9, 11, 21, 27, 43, 49, 51, 65, 67

디오니시우스
　『신명론』(*De div. Nom.*) 139

아리스토텔레스
　『니코마코스 윤리학』(*Ethic.*) 17, 39, 63, 77, 85, 95, 129
　『범주론』(*De praedicameutis.*) 27
　『에우데모스 윤리학』(*Ethica Eudemia.*) 15
　『토피카』(*Topic.*) 6

아우구스티누스
　『갈라티아서 해설』(*In Gal.*) 133, 137
　『고백록』(*Confess.*) 85
　『복음서의 제 문제』(*Quaestiones evangeliorum*) 7
　『삼위일체론』(*De trinitate*) 43, 63, 113
　『신국론』(*De civ. Dei*) 39, 79
　『주님의 산상설교』(*De Sermone Domini in monte*) 59, 73, 81, 99

암브로시우스
　『루카복음서 해설』(*Expositio Evangelii secundum Lucam*) 75, 81, 97
　『성령론』(*De Spiritu Sancto*) 51

《성경색인》

갈라티아서 111, 123
다니엘서 99
로마서 25, 44, 77, 123, 127
루카복음서 79, 89, 93
마태오복음서 7, 13, 73, 85, 89, 113, 123
말라키서 57
시편 25, 37, 81, 83, 89, 127
아가 13
예레미야서 53
요한 1서 81, 115, 127
요한복음서 13, 27, 29, 113
욥기 7, 79, 89
이사야서 7, 13, 15, 27, 35, 49, 57, 95, 123
잠언 37, 61, 89
지혜서 21, 113
집회서 21, 117
코린토 1서 43, 53, 69
코헬렛 99
티모테오 1서 57

■ 지은이: 토마스 아퀴나스(S. Thomas Aquinas)

성 토마스 아퀴나스는 1224/5년 이탈리아 중남부의 귀족 가문에서 태어나 도미니코수도회에 입회하였고, 때 묻지 않은 '천사적' 순수함과 진리에 대한 지칠 줄 모르는 열정으로 13세기라는 역사상 드문 정치적·사상적 격변기를 헤쳐나갔다. 그는 아리스토텔레스의 대부분의 작품들과 복음서 및 바오로의 주요 서간들에 대해 주해서를 집필하였고, 『대이교도대전』과 『토론문제집』 등 중요한 저작들을 남겼다. 특히 그리스 철학의 제 학파와 아랍 세계의 선진 이슬람 문명 등 당대까지 유럽에 전해져 서로 충돌하던 다양한 사상들을 그리스도교 진리의 빛 속에서 웅장하게 체계적으로 종합한 『신학대전』(Summa Theologiae)은 인류 문화사적 걸작으로 꼽힌다. 그는 1274년 리옹공의회에 참석하러 가던 길에 중병을 얻어 포사노바에서 선종하였다.

1879년 교황 레오 13세는 회칙 『영원하신 아버지』를 통해 토마스의 사상을 가톨릭교회의 공식 학설로 공표하였다.

■ 옮긴이: 채이병

충남 홍성 출생으로 서강대학교와 동 대학원을 졸업하고 독일 쾰른대학교에 유학하여 철학박사 학위를 취득하였다(2001년). 서강대학교, 서경대학교 강사.

주요 논문으로는 Die Lehre des Thomas von Aquin ueber den Frieden(토마스 아퀴나스의 평화론: 2001년도 쾰른대학교 박사 학위논문) 외에, 「토마스 아퀴나스의 평화 개념」(2002), 「정의로운 전쟁은 어떻게 가능할까: 성 토마스 아퀴나스의 이론을 중심으로」(2003), 「성 토마스 아퀴나스의 인과율에 대한 이론」(2004), 「사려에 대한 토마스 아퀴나스 이론의 문제점」(2004), 「성 토마스 아퀴나스의 덕론」(2007), 「아퀴나스에 있어서 인간과 덕」(2007), 「전쟁 방지와 공동체 사이의 갈등 해소」(2008) 등이 있고, 주요 역서로는 『신학대전 제21권: 두려움과 분노』(바오로딸, 2020) 등이 있다.

■ 후원인

가르멜수도회(윤주현 신부) 가톨릭교리신학원(최승정 신부) 가톨릭출판사(홍성학 신부) †곽성명마티아 교리48기(김순진 요안나) 구요비주교 기쁜소식(전갑수 사장) 김경애유스타 김명순소피아 김미라크레센시아 김미리파비올라 김미숙도미나 김수남글라라 김영남신부 김영희글라라 김운장(대화제약 회장) 김웅태신부 김월자안젤라 김은주율리아나 김장이베로니카 김정렬사도요한 김정이아네스 김정임세실리아 김종국신부 김철련스테파노 김청자아가다 김항희마르타 김해영아나다시아 김혜경아네스 김혜경세레나 김효숙노엘라 김훈겸신부 김희중대주교 로사리오 성모의 도미니코수녀회(오하정 수녀) 목동성당(민병덕 신부) 문정동성당(이철호 신부) 박상수신부 박영규사도요한 박정자소화데레사 박종호시몬 박찬윤신부 박현숙글라라 방배4동성당(최동진 신부) 배옥순시모니아 분당성마리아성당(윤종대 신부) 사랑의시튼수녀회(김영선 수녀) 상도동성당(곽성민 신부) 서명숙루치아 서인숙아네스 서초동성당(이찬일 신부) 서호숙데레사 성도미니코선교수녀회(안소근 수녀) 손삼석주교 손희송주교 송기인신부 송인섭안드레아 신수정비비안나 신옥현루시아 심상태몬시뇰 양정희루시아 여규태요셉 염수정추기경 오금동성당(박희원 신부) 오승원신부 원종철신부 위재숙아나다시아 유경촌주교 유덕희(경동제약 회장) 유영숙스콜라스티카 †윤정자님파 이경상신부 이계숙루시아 이동익신부 이범현신부 이병호주교 이선용알베르토 이완숙미카엘라 이용훈주교 이윤하신부 †이정국미카엘 이정석요한 이종상요셉 이 진안드레아 이준영아우구스티노 이효재로마노 임경희미카엘라 잠원동성당(박항오 신부) 장석호모세 장우일레오 장춘복세바스티아나 장혜순카타리나 (재)신학과사상(백운철 신부) 전상순요안나 전상직(더맨 회장) 절두산순교성지성당(정연정 신부) 정달용신부 정미애율리아나 정순택주교 정복신안나 정영숙(다빈치 회장) 정의채몬시뇰 정진석추기경 조 광이냐시오 조규만주교 조신호델피노 조용주마리안나 조욱현신부 차상금이사벨 최명주율리아 최미묘분다 학교법인가톨릭학원(김영국 신부) 한무숙문학관(김호기 박사) 혜화동성당(홍기범 신부) 홍순자요셉피나 황예성세실리아

지금까지 출간된 분책(2020년 현재)

■ 제1권(I, qq.1-12), [하느님의 존재], 정의채 옮김, 1985, 3판 2014, 751쪽.
제1문 거룩한 가르침에 관하여. 제2문 신론 - 하느님이 존재하는가. 제3문 하느님의 단순성에 대하여. 제4문 하느님의 완전성에 대하여. 제5문 선 일반에 대하여. 제6문 하느님의 선성에 대하여. 제7문 하느님의 무한성에 대하여. 제8문 사물에 있어서의 하느님의 실재에 대하여. 제9문 하느님의 불변성에 대하여. 제10문 하느님의 영원성에 대하여. 제11문 하느님의 일체성(단일성)에 대하여. 제12문 하느님은 우리에게 어떻게 인식되는가에 대하여.

■ 제2권(I, qq.13-19), [하느님의 생명], 정의채 옮김, 1993, 2판 2014, 572쪽.
제13문 하느님의 명칭에 대하여. 제14문 하느님의 지식에 대하여. 제15문 이데아에 대하여. 제16문 진리에 대하여. 제17문 허위에 대하여. 제18문 하느님의 생명에 대하여. 제19문 하느님의 의지에 대하여.

■ 제3권(I, qq.20-30), [하느님의 작용과 위격], 정의채 옮김, 1994, 2판 2000, 495쪽.
제20문 하느님의 사랑에 대하여. 제21문 하느님의 정의와 자비에 대하여. 제22문 하느님의 섭리에 대하여. 제23문 예정에 대하여. 제24문 생명의 책에 대하여. 제25문 하느님의 능력에 대하여. 제26문 하느님의 지복에 대하여. 제27문 하느님의 위격들의 발출에 대하여. 제28문 하느님 안에서의 관계들에 대하여. 제29문 하느님의 위격들에 대하여. 제30문 하느님 안에서의 위격들의 복수성에 대하여.

■ 제4권(I, qq.31-38), [위격들의 구별], 정의채 옮김, 1997, 293쪽.
제31문 하느님 안에서 단일성 혹은 복잡성에 속하는 것들에 대하여. 제32문 하느님의 위격들의 인식에 대하여. 제33문 성부의 위격에 대하여. 제34문 성자의 위격에 대하여. 제35문 모습(혹은 모상)에 대하여. 제36문 성령의 위격에 대하여. 제37문 사랑이라는 성령의 명칭에 대하여. 제38문 은사라는 성령의 명칭에 대하여.

■ 제5권(I, qq.39-43), [위격들의 관계], 정의채 옮김, 1998, 345쪽.
제39문 본질과 비교된 위격들에 대하여. 제40문 관계들 내지는 고유성들과의 비교에 있어서의 위격들에 대하여. 제41문 인식 표징적(혹은 식별 표징적) 작용들과의 비교에 있어서의 위격들에 대하여. 제42문 하느님의 위격들 상호간의 동등성과 유사성에 대하여. 제43문 하느님의 위격들의 파견에 대하여.

- 제6권(I, qq.44-49), [창조], 정의채 옮김, 1999, 339쪽.
제44문 피조물들의 하느님으로부터의 발출과 모든 유의 제1원인에 대하여. 제45문 사물들의 제1근원으로부터의 유출의 양태에 대하여. 제46문 창조된 사물들의 지속의 시작에 대하여. 제47문 사물들의 구별 일반에 대하여. 제48문 사물들의 구별에 대한 각론. 제49문 악의 원인에 대하여.

- 제7권(I, qq.50-57), [천사], 윤종국 옮김, 정의채 감수, 2010, 379쪽.
제50문 천사의 실체 자체에 대하여. 제51문 천사와 물체의 비교에 대하여. 제52문 장소에 대한 천사의 비교에 대하여. 제53문 천사의 장소적 운동에 대하여. 제54문 천사의 인식 작용에 대하여. 제55문 천사의 인식 수단에 대하여. 제56문 비물질적 사물의 일부에서 얻는 천사의 인식에 대하여. 제57문 질료적 사물들의 성찰에 따른 천사의 인식에 대하여.

- 제8권(I, 58-64), 천사의 활동, 강윤희 옮김, 2020, [근간]
제58문 천사의 인식 양태에 대하여. 제59문 천사의 의지에 대하여. 제60문 천사의 사랑 혹은 애정에 대하여. 제61문 천사가 본성적 존재로 창조되었음에 대하여. 제62문 천사가 은총과 영광의 상태로 완성됨에 대하여. 제63문 천사의 악의와 탓에 대하여 제64문 악령들의 형벌에 대하여.

- 제9권(I, qq.65-74), [우주 창조], 김춘오 옮김, 정의채 감수, 2010, 424쪽.
제65문 물체적 피조물들의 창조 작업에 대하여. 제66문 구별에 대한 피조물의 질서에 대하여. 제67문 자체 안에서의 구별 작업에 대하여. 제68문 둘째 날의 작업에 대하여. 제69문 셋째 날의 작업에 대하여. 제70문 넷째 날에 대한 장식 작업에 대하여. 제71문 다섯째 날에 대하여. 제72문 여섯째 날에 대하여. 제73문 일곱째 날에 속한 어떤 것에 대하여. 제74문 공통적인 것들 안에서 모든 일곱 날에 대하여.

- 제10권(I, qq.75-78), [인간], 정의채 옮김, 2003, 383쪽.
제75문 인간론: 영적 실체와 물체적 실체로 복합된 인간에 대하여. 제76문 혼의 신체와의 하나됨(합일)에 대하여. 제77문 혼의 능력 일반에 속하는 것들에 대하여. 제78문 혼의 개별적 능력들에 대하여.

■ 제11권(I, qq.79-83), [인간 영혼의 능력], 정의채 옮김, 2003, 320쪽.
제79문 지성적 능력들에 대하여. 제80문 욕구적 능력 일반에 대하여. 제81문 감성적 능력에 대하여. 제82문 의지에 대하여. 제83문 자유의사에 대하여.

■ 제12권(I, qq.84-89), [인간의 지성], 정의채 옮김, 2013, 511쪽.
제84문 신체와 결합된 영혼은 어떻게 자신보다 하위에 있는 물체적인 것들을 인식하는가. 제85문 지성 인식의 양태와 서열에 대하여. 제86문 우리 지성은 질료적 사물들에 있어 무엇을 인식하는가. 제87문 지성적 혼은 어떻게 자기 자신과 자기 안에 있는 것들을 인식하는가. 제88문 인간 혼은 어떻게 자기의 상위에 있는 것들을 인식하는가. 제89문 분리된 영혼의 인식에 대하여.

■ 제13권(I, qq.90-102), [하느님의 모상으로 창조된 인간], 김율 옮김, 2008, 505쪽.
제90문 인간 혼의 첫 산출에 대하여. 제91문 첫 인간의 신체의 산출에 대하여. 제92문 여자의 산출에 대하여. 제93문 인간의 산출 목적 또는 결말에 대하여. 제94문 첫 인간의 지성 상태와 조건에 대하여. 제95문 첫 인간의 의지에 관련된 사항들, 곧 은총과 정의에 대하여. 제96문 무죄의 상태에서 인간이 가지고 있던 지배권에 대하여. 제97문 첫 인간의 상태에서 개인의 보존. 제98문 종의 보존에 대하여. 제99문 태어났을 자손의 신체적 조건에 대하여. 제100문 태어났을 자손의 정의의 조건에 대하여. 제101문 태어났을 자손의 지식의 조건에 대하여. 제102문 인간의 거처, 곧 낙원에 대하여.

■ 제14권(I, qq.103-114), [하느님의 통치], 이상섭 옮김, 2009, 607쪽.
제103문 사물들의 통치 일반에 대하여. 제104문 하느님 통치의 특수한 결과들에 대하여. 제105문 하느님에 의한 피조물들의 변화에 대하여. 제106문 한 피조물은 다른 피조물들을 어떻게 움직이는가. 제107문 천사들의 말에 대하여. 제108문 위계와 질서에 따르는 천사들의 질서지움에 대하여. 제109문 악한 천사들의 질서지움에 대하여. 제110문 물체적 피조물들에 대한 천사들의 통할에 대하여. 제111문 인간들에 대한 천사들의 작용에 대하여. 제112문 천사들의 파견에 대하여. 제113문 선한 천사들의 보호에 대하여. 제114문 마귀들의 공격에 대하여.

■ 제15권(I, qq.115-119), [우주의 질서], 김정국 옮김, 2010, 307쪽.
제115문 물체적 피조물의 작용에 대하여. 제116문 숙명에 대하여. 제117문 인간의 작용과 관련된 것에 대하여. 제118문 혼과 관련한 인류의 번식에 대하여. 제119문 육체에 관련된 인류의 번식에 대하여.

- 제16권(I-II, qq.1-5), [행복], 정의채 옮김, 2000, 417쪽.
제1문 인간의 궁극 목적에 대하여. 제2문 인간의 행복이 있는 것들에 대하여. 제3문 행복이란 무엇인가. 제4문 행복을 위해 요구되는 것들에 대하여. 제5문 행복에의 도달에 대하여.

- 제17권(I-II, qq.6-17), 인간적 행위, 이상섭 옮김, 2019, xlviii-444쪽.
제6문 의지적인 것과 비의지적인 것에 대하여. 제7문 인간적 행위의 상황들에 대하여. 제8문 의지에 대하여, 의지는 무엇을 대상으로 갖는가? 제9문 의지의 동인에 대하여. 제10문 의지가 움직여지는 방식에 대하여. 제11문 향유라는 의지 작용에 대하여. 제12문 지향에 대하여. 제13문 수단과 관련된 의지의 작용인 선택에 대하여. 제14문 선택에 앞서는 숙고에 대하여. 제15문 수단과 관련된 의지 작용인 동의에 대하여. 제16문 수단과 관련된 의지의 작용인 사용에 대하여. 제17문 의지에 의해 명령된 작용에 대하여.

- 제18권(I-II, 18021), 도덕성의 원리, 이재룡 옮김, 2019, lx-264쪽.
제18문 인간적 행위에서의 선성과 악성에 대하여. 제19문 의지의 내적 행위의 선성과 악성에 대하여. 제20문 인간의 외적 행위의 선성과 악성에 대하여. 제21문 인간적 행위의 귀결들과 그 선성 또는 악성에 대하여.

- 제19권(I-II, 22-30), 정념, 김정국 옮김, 2020, I-270쪽.
제22문 영혼의 정념의 주체에 대하여. 제23문 정념 상호간의 차이에 대하여. 제24문 영혼의 정념들에 있어서 선과 악에 대하여. 제25문 정념들 상호간의 질서에 대하여. 제26문 사랑에 대하여. 제27문 사랑의 원인에 대하여. 제28문 사랑의 결과에 대하여. 제29문 미움에 대하여. 제30문 욕망에 대하여.

- 제20권(I-II, 31-39), 쾌락, 이재룡 옮김, 2020, lx-306쪽.
제31문 쾌락 그 자체에 대하여. 제32문 쾌락의 원인에 대하여. 제33문 쾌락의 결과에 대하여. 제34문 쾌락의 선성과 악성에 대하여. 제35문 고통 또는 슬픔 그 자체에 대하여. 제36문 슬픔 또는 고통의 원인에 대하여. 제37문 고통 또는 슬픔의 결과에 대하여. 제38문 슬픔 또는 고통의 결과에 대하여. 제39문 슬픔 또는 고통의 선성과 악성에 대하여.

- 제21권(I-II, 40-48), 두려움과 분노, 채이병 옮김, 2020, lx-262쪽.
제40문 분노적 정념들에 대하여. 먼저 희망과 절망에 대하여. 제41문 두려움 그 자체에 대하여. 제42문 두려움의 대상에 대하여. 제43문 두려움의 원인에 대하여. 제44문 두려움의 결과에 대하여. 제45문 담대함에 대하여. 제46문 분노 그 자체에 대하여. 제47문 분노를 일으키는 원인과 그 대처 수단에 대하여. 제48문 분노의 결과에 대하여.

■ 제22권(I-II, 49-54), 습성, 이재룡 옮김, 2020, lviii-234쪽.
제49문 습성의 실체 자체에 대하여. 제50문 습성의 주체에 대하여. 제51문 습성의 생성 원인에 대하여. 제52문 습성의 성장에 대하여. 제53문 습성의 소멸과 약화에 대하여. 제54문 습성의 구별에 대하여.

■ 제23권(I-II, 55-67), 덕, 이재룡 옮김, 2020, [근간]
제55문 덕의 본질에 대하여. 제56문 덕의 주체에 대하여. 제57문 지성적 덕의 구별에 대하여. 제58문 도덕적 덕과 지성적 덕의 구별에 대하여. 제59문 도덕적 덕과 정념 사이의 구별에 대하여. 제60문 도덕적 덕들 상호간의 구별에 대하여. 제61문 추요덕에 대하여. 제62문 대신덕에 대하여. 제63문 덕의 원인에 대하여. 제64문 덕의 중용에 대하여. 제65문 덕들 사이의 상호 연관성에 다하여. 제66문 덕들의 동등성에 대하여. 제67문 후세에서의 딕의 지속에 내하여.

■ 제24권(I-II, 68-70), 성령의 선물, 채이병 옮김, 2020, lii-156쪽.
제68문 선물들에 대하여. 제69문 참행복에 대하여. 제70문 성령의 열매에 대하여.

■ 제25권(I-II, 71-80), 죄, 안소근 옮김, 2020, [근간]
제71문 악습과 죄 자체에 대하여. 제72문 죄의 구별에 대하여. 제73문 죄들의 상호 비교에 대하여. 제74문 죄의 주체에 대하여. 제75문 죄의 일반적 원인에 대하여. 제76문 죄의 특수 원인에 대하여. 제77문 감각적 욕구 편에서 본 죄의 원인에 대하여. 제78문 죄의 원인인 악의에 대하여. 제79문 죄의 외부적 원인에 대하여(1): 하느님. 제80문 죄의 외부적 원인에 대하여(2): 악마

■ 제28권(I-II, 90-97), 법, 이진남 옮김, 2020, I-289쪽.
제90문 법의 본질에 대하여. 제91문 법의 종류에 대하여. 제92문 법의 효력에 대하여. 제93문 영원법에 대하여. 제94문 자연법에 대하여. 제95문 인정법에 대하여. 제96문 인정법의 효력에 대하여. 제97문 법의 개정에 관하여.